Madame Della Seta aussi est juive

Du même auteur
chez le même éditeur

Un chocolat chez Hanselmann
Madame Della Seta aussi est juive

En collection de poche

Les Routes de poussière (n° 164)
Un chocolat chez Hanselmann (n° 255)

Rosetta Loy

Madame Della Seta aussi est juive

Traduit de l'italien
par Françoise Brun

Rivages

Couverture : Illustration Cesar Pesce

Titre original : *La parola ebreo*
Giulio Einaudi editore s.p.a., Turin

106, boulevard Saint-Germain – 75006 Paris

ISBN : 2-7436-0699-1
ISSN : 1160-0977

Si je reviens en arrière dans le temps et que je pense à la façon dont le mot « juif » est entré dans ma vie, je me revois assise sur une petite chaise bleue dans la chambre des enfants. Une chambre avec une tapisserie à fleurs de pêcher, griffonnée en plusieurs endroits ; le printemps resplendit et la haute fenêtre qui donne sur le balcon de pierre est grande ouverte. Je peux regarder dans l'appartement de l'autre côté de la rue, où les rideaux se gonflent d'air entre les battants. Dans cet appartement-là il y a une fête, on voit des gens aller et venir. Dans cet appartement-là il n'y a pas longtemps un bébé est né, la fête est pour lui. Je demande : Un baptême ? Non, répond la femme assise près de moi sur une autre petite chaise, où son corps s'arrondit comme un ballon, sûrement pas, elle ajoute. Cette femme, c'est Annemarie, ma *Fräulein.* Ils sont juifs, dit-elle, avec un geste du menton vers la fenêtre, les enfants ils ne les baptisent pas, ils les font circoncire. Elle a dit *beschneiden*, avec une grimace de dégoût. C'est un mot incompréhensible mais qui contient ce *schneiden,* « couper », que je connais bien. Je chuchote incrédule : Quoi ? Ils leur enlèvent un petit morceau de chair, répond-elle très vite. Je murmure : *Mit der Schere ?* Et je vois le sang, une mer de sang qui baigne le nid d'ange. L'explication est vague mais terrifiante. Annemarie désigne quelque chose sur le corps que je ne comprends pas, pendant que son regard scrute avec sévérité à travers les vitres. *Vielleicht mit der Schere, ja, das weiss ich nicht...* Derrière les fenêtres je vois passer des petites filles avec des nœuds sur la tête semblables au mien, des dames avec des perles autour du cou, moulées dans des robes de jersey moelleux comme celles de maman. *Sind Juden,* elle répète ; et le regard de ses beaux yeux couleur de ciel se fixe avec sévérité sur une femme de chambre qui circule avec un plateau. Peut-être y a-t-il, caché là entre les tasses de thé, le petit morceau de chair enlevé à ce nouveau-né. Un petit doigt, un bout de peau.

Madame Della Seta aussi est juive. Elle habite à côté de chez nous : elle est vieille, en tout cas je trouve. Quand je suis malade elle vient me voir, j'ai de la fièvre et mon corps disparaît dans le grand lit de la chambre de maman. Madame Della Seta a des cheveux gris rassemblés sous un filet. Elle m'apporte un cadeau. C'est une corbeille recouverte de satin bleu dans laquelle un baigneur en celluloïd est maintenu par des élastiques cousus à la doublure, un autre élastique maintient un minuscule biberon avec une pointe rouge. Je trouve ce cadeau magnifique : il y a aussi, épinglés, une petite culotte et un petit chandail. J'adore madame Della Seta, même si elle est juive.

À l'étage au-dessus habitent les Levi. Eux sont plus bruyants, on entend souvent jouer du piano et leur mère a des yeux noirs très brillants, les Levi ne sont pas aussi gentils que madame Della Seta et on ne les rencontre que dans l'escalier ou dans l'ascenseur. Ils ne m'apportent pas de cadeaux. Eux aussi, dit Annemarie, ils sont juifs. Quelquefois Giorgio Levi sonne à la porte et demande mon frère pour aller jouer au ballon à la Villa Borghèse. Giorgio a un an de plus que lui, il est grand et il a des cheveux noirs et frisés, le regard joyeux d'un garçon pressé de dévaler les escaliers pour rejoindre ses camarades de jeu. Mon frère, au retour, en se lavant les pieds dans le bidet, rouspète contre Giorgio qui est autoritaire et, quand on ne lui passe pas le ballon assez vite, envoie des coups de coude dans les côtes. Au jardin d'enfants, mère Gregoria nous montre les illustrations en couleurs de la Bible. Elle a des joues rondes et rouges. Elle est petite, et elle s'assied elle aussi sur une petite chaise, sa longue robe de laine blanche étalant ses plis par terre, elle porte sur la poitrine une broderie avec un cœur rouge transpercé en souvenir de la Passion du Christ. Sur la page qui tourne devant nos yeux, tenue par sa main potelée, Abraham lève son épée pour tuer Isaac. Isaac est le fils d'Abraham ; mais heureusement l'ange arrive et l'arrête. Abraham, Isaac, sont juifs. Les sept frères Maccabées aussi sont juifs, ils meurent dans les flammes parce qu'ils ne veulent pas renier Dieu. Dieu en ce temps-là était sans cœur, et puis heureusement le Christ est descendu sur la terre, et lui au contraire il est très gentil et très beau. Il a de longs cheveux châtains et des yeux bleus, chaque matin quand j'arrive au jardin d'enfants il est là qui m'attend, et sa main rose en plâtre montre son cœur à nu dans sa poitrine d'où coulent des gouttes de sang. Le cœur c'est l'endroit de l'amour : le Christ nous aime. Nous, nous sommes chrétiennes, moi j'ai été baptisée à Saint-Pierre et ma marraine est madame Basile. Elle est aussi vieille que madame Della Seta mais elle est beaucoup plus maigre, avec son long cou et sa petite tête elle ressemble à une autruche ; mon frère, un jour où elle était venue en visite, a ouvert la porte du salon et a dit : Madame Basile a de la moustache. Puis il s'est sauvé. C'est vrai, les poils au-dessus de sa lèvre, longs et gris, un peu raides, me piquent la joue chaque fois qu'elle se penche pour m'embrasser. Elle a des yeux ronds et doux, elle ne s'est même pas mise en colère cet après-midi-là quand mon frère s'est moqué d'elle pour faire le malin. Pour mon baptême elle m'a offert une petite chaîne en or avec la médaille de la Vierge de Pompéi que je suce quand je suis au lit dans le noir. Madame Basile organise chaque année à Noël une loterie de bienfaisance pour les pauvres de la paroisse. Ponce Pilate était romain et les Pharisiens et les Scribes étaient juifs. Hérode aussi était juif et pareil pour Caïfa. Et Barabbas. Tous ils étaient juifs, sauf les centurions.

Quand je ne vais pas au jardin d'enfants, Annemarie m'emmène à Valle Giulia sur une esplanade isolée près du musée d'Art moderne. Je suis toujours emmitouflée, avec une écharpe et un bonnet de laine, parce que je ne suis pas aussi vigoureuse que ma sœur Teresa. Il n'y a presque jamais personne à Valle Giulia, mais de toute façon je n'ai pas le droit de jouer avec les autres enfants parce que je pourrais attraper leurs maladies. Près des bancs il y a quelquefois une autre petite fille, vouée comme moi à la solitude, qui remue le gravier avec une petite pelle de couleur, accroupie sur ses jambes repliées. Je vois sa petite culotte blanche, une culotte Petit-Bateau pareille à celle qu'Annemarie m'enfile le matin. Je m'assieds moi aussi sur mes talons et je la regarde. Elle est blonde et ses cheveux descendent en boucles autour de son visage à la peau très claire. Je voudrais bien sa petite pelle. Autour du cou elle porte une étoile en or. Annemarie m'appelle, elle bavarde avec la gouvernante de la petite fille : c'est une petite fille très riche, paraît-il. Peut-être que j'ai le droit de jouer avec elle. Je reviens la regarder remuer le gravier, je suis fascinée par cette étoile qui se balance au soleil et envoie des étincelles. Je lui demande si je peux la toucher. Non, me répond-elle, tu ne peux pas. Elle ne veut pas que je m'approche trop près. Sur le chemin du retour je parle de cette étoile à Annemarie. C'est l'étoile de David, me dit-elle. Mère Gregoria nous a montré le dessin où David lance une pierre sur Goliath. Cette petite fille-là, m'explique-t-elle, au lieu d'avoir une médaille avec la Vierge ou le Petit Jésus, elle porte autour du cou une étoile à six branches. Elle ne le dit pas, mais je ne sais pas pourquoi, j'ai compris que cette petite fille est juive. Aussitôt je repense aux ciseaux, et au sang. Je demande si elle aussi on lui a coupé. Mais qu'est-ce que tu racontes, coupé quoi ? Elle a parlé en allemand. Je dois parler en allemand moi aussi, sinon elle ne me répondra pas. À présent cette étoile est pleine de mystère. J'envie la petite fille qui la porte, à la place de ma médaille insipide.

Cette enfant, c'est moi pendant l'hiver 1936. Dans un livre qui raconte les aventures d'un jeune garçon catholique poursuivi par des mécréants qui veulent lui faire renier Jésus, il y a des francs-maçons très méchants. Le petit garçon est emmené sur un bateau, et là il y a un Juif, très méchant lui aussi. Ils veulent tous enlever sa foi à ce petit garçon, mais lui il résiste et il prie la Sainte Vierge. À un moment il a même presque les yeux crevés. Je n'aime pas ce livre, il est bête et cruel. Celui que j'aime c'est le livre du bonhomme Sommeil qui verse de la poudre d'argent sur les paupières des enfants et les emmène au pays des Songes. J'aime aussi le livre où on voit la Befana * qui marche péniblement dans la neige, en pleine nuit, et qui se glisse dans les maisons en descendant par la cheminée. J'ai une foi aveugle

* Vieille sorcière bienveillante qui apporte des cadeaux aux enfants le 6 janvier, jour de l'Épiphanie (*Toutes les notes sont de la traductrice*).

dans la Befana, même si à Rome il n'y a pas de neige, et d'ailleurs nous n'avons pas de cheminée.

Mais avant de revenir à la petite fille assise sur sa chaise bleue et qui regarde par la fenêtre, je voudrais remonter plus loin dans le temps, quand cette petite fille est née, en l'an IX de l'Ère fasciste, au n° 21 de la via Flaminia, dans la chambre appelée « rouge » à cause du papier couleur lie-de-vin. Et quelques jours après, tandis que des gouttes de pluie éclaboussent les vitres de l'automobile, on l'emmène à la basilique Saint-Pierre pour y être baptisée. Son frère et ses deux sœurs l'y accompagnent, dans les bras des nourrices et des gouvernantes (le plus grand a quatre ans et la plus petite quinze mois à peine), et sur les fonts baptismaux on lui donne, en plus de ses autres prénoms, celui de Pia, en l'honneur du pape sous lequel elle est née : Pie XI.

Cette même année 1931, en novembre, une circulaire du ministère de l'Instruction publique impose aux professeurs d'université le serment de fidélité au fascisme. Sur 1200 professeurs, 1188 prêtent serment, et s'engagent à enseigner en accord avec les principes de la doctrine fasciste ; douze seulement renoncent à leur poste.

C'est également en 1931 que paraît le nouveau roman d'un écrivain célèbre et estimé, Giovanni Papini, homme de lettres florentin d'un grand talent et d'une grande intelligence qui a été considéré pendant les premières années du siècle comme un « hérétique ». Mais en 1921, s'étant publiquement converti au catholicisme, il écrit l'*Histoire du Christ*, une biographie romancée qui reprend la légende du Juif errant pour faire surgir « une vérité plus effrayante, qui n'est pas la vérité historique ». L'immortalité de son personnage de Buttadeo *, condamné à errer sans fin, est en effet pour Papini celle-là même des Juifs, sur qui retombe éternellement le sang du Christ : punis par la Diaspora, isolés des autres hommes, les descendants de ceux qui tuèrent le fils de Dieu s'obstinent encore à refuser de se convertir. Papini raconte également comment ces éternels errants ont ensuite « retrouvé dans l'or une nouvelle patrie » tandis que d'autres, ceux venus des « ghettos de Slavie », « gras et onctueux », représentent aujourd'hui encore « la figure vivante du vrai Buttadeo ». Un roman à thèse qui avait suscité de nombreuses polémiques à sa sortie mais s'était également vendu en un an à 70 000 exemplaires, et qui avait été traduit en français, en anglais, en allemand, en polonais, en roumain, en néerlandais, en finlandais, etc.

Son nouveau livre, intitulé *Gog*, abréviation du nom de son protagoniste, se présente comme une série d'interviews imaginaires faites par un riche homme d'affaires américain excentrique, qui veut découvrir « les maladies secrètes dont souffre la civilisation actuelle ». Par l'intermédiaire de ce personnage, Papini feint d'interviewer Gandhi, Freud, Edison, Shaw et toute une série de personnalités de notre siècle. Et il y joint une ren-

* Littéralement : « jette-Dieu ».

contre avec le prototype du Juif, personnifié par Benrubi, secrétaire particulier de Gog : « un jeune homme court sur pattes, les épaules un peu voûtées, les joues creuses, les yeux enfoncés, des cheveux un peu blanchis déjà, un teint couleur de l'argile verdâtre des marais… et l'air d'un chien craignant d'être battu mais se sachant parfaitement nécessaire ». Poussé par les questions de son patron sur la pusillanimité juive, Benrubi se livre à une vaste explication sur le fait que « ne pouvant pas utiliser le fer, les Juifs se protégèrent par le pire, par l'or… Le Juif, devenu capitaliste par légitime défense, s'est trouvé être, par la faute de la décadence morale et mystique de l'Europe, un des maîtres de la terre… dominateur des riches et des pauvres… De quelle manière le Juif piétiné et conspué pouvait-il se venger de ses ennemis ? En rabaissant, en avilissant, en démasquant, en ruinant les idéaux des goyim. En détruisant les valeurs sur lesquelles la chrétienté entend vivre. Et en effet, si vous regardez bien, l'intelligence juive, depuis un siècle et jusqu'à nos jours, n'a pas cessé de miner et de salir vos croyances les plus chères… depuis que les Juifs ont pu écrire librement, toutes vos constructions spirituelles menacent de s'écrouler ». Benrubi énumère ensuite une série de personnages destructeurs des valeurs de la chrétienté, comme Marx, Heine ou Lombroso, avant de terminer ainsi : « Nés [les Juifs] au milieu de peuples différents, se consacrant à des recherches différentes, tous, Allemands et Français, Italiens et Polonais, poètes et mathématiciens, anthropologues et philosophes, ont un caractère commun, un but commun : celui de faire douter des vérités reconnues, d'abaisser ce qui est grand, de souiller ce qui semblait pur, de faire vaciller ce qui paraissait solide, de lapider ce qui était respecté. » *Gog* sera choisi en avril 1943 par Radio Vichy pour une émission de propagande ; et la même année, une école d'élèves officiers de la république de Salò le choisira comme texte de base pour un cours d'antisémitisme.

Mais si Papini est un écrivain très apprécié dans ma famille et si l'*Histoire du Christ*, comme *Gog*, s'alignent dans la bibliothèque du couloir à côté des biographies de Napoléon et des romans de Paul Bourget, cette famille n'est pas fasciste, ni raciste non plus. La présence des livres d'aventures d'Ugo Mioni, un prêtre dont l'inspiration antisémite est indéniable et qui nous sont lus à haute voix, pourrait faire naître quelque doute. Mais la préférence qui leur est accordée est liée à des préoccupations religieuses.

Mon père a fait ses études chez les barnabites de Lodi, dans le Piémont, un collège dans lequel il était entré à dix ans pour n'en ressortir qu'à dix-huit, excepté vingt jours de vacances annuelles en famille. Ses récits sur ce temps-là nous laissent chaque fois abasourdis et vaguement anxieux. Ses paroles font revivre les enfants alignés sur leurs lits dans le dortoir et attendant le valet qui viendra leur ôter leurs grandes bottes noires. Le valet passe très vite et tire si fort qu'ils tombent par terre, et chaque fois c'est comme si le pied était arraché en même temps que la botte. L'eau pour se laver le matin, couverte d'un voile de glace dans le broc. Le jeu des gendarmes et des voleurs qui n'est autorisé aux élèves qu'à condition qu'ils ne se touchent pas, c'est une chose qui ne doit jamais arriver, ils ont juste le droit de s'effleurer avec des cordes, et les plus grands les mettent à geler dans la fontaine de la cour pour qu'elles deviennent comme des bâtons, et ils en frappent violemment leurs camarades plus petits. L'attente vibrante de la visite maternelle, une fois par mois. Certains matins de brouillard, le froid et l'obscurité le rendaient si mélancolique qu'il préférait se faire passer pour malade et rester la journée entière sans manger, seul dans un lit à l'infirmerie.

Mais bien vite l'enfant irrévérencieux et dissipé qui séchait l'école pour aller se baigner dans le Pô était devenu un élève modèle, et il avait obtenu à la fin du lycée la « mention honorable », reconnaissance qui lui valait son portrait peint à l'huile dans la galerie du collège. Puis ç'avait été l'Institut polytechnique de Turin, la passion de l'étude et la découverte de la politique. Il s'était inscrit presque tout de suite au Parti populaire, et avec son ami Fioravanti il était devenu un disciple enthousiaste du chef de ce parti, don Sturzo. Au déclenchement de la guerre de 15-18, il était anti-interventionniste, réformé, heureusement, pour insuffisance respiratoire. Au fascisme il avait été allergique dès le premier instant. C'était déjà un ingénieur qui s'était fait un nom en construisant des maisons, des ponts, des routes, et dans son optimisme il avait cru à un feu de paille. Même après l'assassinat du député socialiste Matteotti par les fascistes, il avait parié sur le déclin rapide de Mussolini. Et c'était exactement le contraire qui était arrivé. Alors, pour endiguer au bureau la logorrhée des enthousiastes du nouveau régime, il avait fait accrocher dans le hall une pancarte qui disait : « Dans ces bureaux, on ne parle pas de politique. » Il s'est marié tard : maman a treize ans de moins que lui.

Par la suite, parce qu'il voulait continuer à travailler, il a dû comme l'immense majorité des Italiens s'inscrire au Parti national fasciste, et il porte l'insigne au revers de sa veste. En revanche il ne possède pas d'uniforme ; les rares fois où il doit porter la chemise noire (inauguration d'un chantier, visite par quelque autorité d'une route ou d'un pont qui viennent d'être achevés), nous assistons amusés aux mimiques de dérision qu'il fait devant la glace. Son grand ami, depuis l'époque du Parti populaire, est toujours Fioravanti, ingénieur lui aussi mais qui a préféré partir travailler à l'étranger plutôt que prendre une carte quelle qu'elle soit.

L'une des meilleures amies de maman a épousé un Juif, le baron Castelnuovo ; et madame Della Seta vient souvent s'asseoir au salon pour prendre le thé, installée dans le même fauteuil où s'installe habituellement madame Basile. Maman entre volontiers dans des magasins qui s'appellent Coen ou Piperno. Un de ses préférés est Schostal. Et notre pédiatre est le professeur Luzzatti, médecin de la Maison royale. Un *Volljude*, comme dirait Hitler.

Le premier des rendez-vous tragiques, pour les Juifs italiens, a été en effet l'arrivée d'Hitler au pouvoir, en 1933. Quelque chose de profondément nouveau a fait son chemin dans l'imaginaire des plus de quarante millions d'Italiens qui habitent la péninsule. À l'huile de ricin et à la matraque des fascistes est venue se superposer la chorégraphie mortuaire et sacrificielle de la croix gammée, tandis qu'un antijudaïsme d'origine religieuse (certainement voué à disparaître avec le temps) se voyait flanquer de la haine et du fanatisme d'une mystique païenne. Le 29 mars 1933, deux mois environ après la nomination d'Hitler comme chancelier du Reich, l'ordonnance contre les Juifs a divisé les citoyens allemands en Aryens et non-Aryens (avoir un grand-père juif suffit pour être non-Aryen). Et si les restrictions des premiers décrets s'appliquent indistinctement aux *Mischlinge* (nés d'un seul parent juif) et aux *Volljuden* (dont les deux parents sont juifs), ces derniers vont se voir rapidement réserver un traitement qui les exclura de la vie sociale ; puis de la vie même. Ce sont les *Volljuden* déjà qui sont visés, dès la fin de cette année 1933, par la notion de *Judenrein*, le « nettoyage des Juifs ». Plus tard seulement, avec la guerre, ce même traitement sera étendu aux *Mischlinge.*

Cette même année 1933 est aussi celle du Concordat entre l'Église et le IIIe Reich, encouragé et signé par le secrétaire d'État, le cardinal Eugenio Pacelli.

Le 14 juillet, lors de la séance du Conseil des ministres du Reich, comme le montre le procès-verbal des réunions (C. I., doc. 362), le nouveau chancelier Hitler, à la tête d'un État qui compte environ trente millions de catholiques, exprime son soulagement : « Ce Concordat, dont le contenu ne m'intéresse pas le moins du monde, nous a environnés d'une atmosphère de confiance très utile à notre lutte sans compromission contre le judaïsme... »

Les évêques allemands ont en effet accueilli favorablement cette nouvelle, qui les protège d'éventuelles mesures de rétorsion nazies et les autorise désormais à sympathiser ouvertement avec l'homme nouveau de l'Allemagne nouvelle. Le seul à se démarquer est Mgr Faulhaber, évêque de Munich, qui, du haut de la chaire de la cathédrale dans laquelle on l'ensevelira bien des années plus tard, n'hésite pas à blâmer les vexations dont les Juifs sont l'objet. Mais ses prêches de l'avent sur « Judaïsme, christianisme et germanisme », suivis pourtant par une foule de fidèles si nombreuse qu'il faut installer des haut-parleurs dans deux autres églises afin qu'ils puissent y être entendus, n'éveillent aucun écho. Cette dénonciation reste un phénomène isolé, et la hiérarchie catholique allemande ne juge pas nécessaire de prendre position. Les homélies de Mgr Faulhaber seront publiées en 1934 en Italie par une maison d'édition catholique de Brescia, Morcelliana, dans une traduction de don

Giuseppe Ricciotti, qui signera également une préface exemplaire.

En France, du côté des catholiques, l'attention est plus grande. Elle est sensible à travers les écrits et les discours de Jacques Maritain, d'Oscar de Ferenzy, ou les déclarations de l'oratorien Marie-André Dieux, qui, en avril 1933, à l'occasion d'une manifestation de solidarité avec les Juifs allemands, parle de la nécessité d'« une réparation... pour les injustices qui ont été commises dans le passé par ceux qui avaient la même foi que la mienne ». Il ne faut cependant pas se faire d'illusions. En France aussi, de telles manifestations demeurent malgré tout isolées. Le clergé et les fidèles, dans leur grande majorité, n'en perçoivent qu'un faible écho.

Mais revenons à la petite fille assise à côté d'Annemarie dans la chambre avec des fleurs de pêcher sur les murs. Annemarie recopie pour elle dans un cahier les illustrations de *Struwwelpeter*, le livre qui raconte l'histoire de Pierrot le porc-épic. Elle dessine bien, et le crayon trace la silhouette du grand Nikolas, qui plonge dans l'encre les enfants coupables de s'être moqués d'un négrillon à cause de la couleur de sa peau. Les enfants ressortent de cette bouteille géante entièrement noirs, de la racine des cheveux à la semelle des chaussures. Et noire aussi la bougie qu'ils tiennent à la main tandis qu'ils s'en vont gaiement derrière le négrillon, que plus rien à présent ne distingue d'eux.

L'après-midi, quand mon frère a terminé ses devoirs, nous faisons derrière lui le tour de la bordure du tapis dans l'entrée en chantant « *Faccetta nera, bella abissina, aspetta e spera che già l'ora s'avvicina* *… », portant à tour de rôle sur la tête le fez en tissu violet d'où pend un petit gland déchiré. Mais c'est au printemps surtout que notre répertoire de chansons peut le mieux se déployer. Pendant le trajet en automobile pour aller à Ostie respirer l'air marin qui devrait fortifier nos bronches, nos voix s'envolent en hymnes délicieusement patriotiques. Pendant que défilent les platanes de la via del Mare et que Francesco, le chauffeur, prend soin de fermer la vitre de séparation pour ne pas être assourdi, nous passons de l'allégresse de « *Sole che sorgi libero e giocondo, sui colli nostri i tuoi cavalli doma* ** » aux couplets mélancoliques de « *Tu non vedrai nessuna cosa al mondo, maggior di Roma, maggior di Roma* ***… » La fin est extrêmement triste car tout montre que le major de Rome (grade certainement inférieur à celui de notre Duce, maréchal de l'Empire) a commis une faute grave, qui fait qu'il se languit maintenant pour l'éternité derrière les barreaux, condamné à ne plus jamais rien voir du monde.

* « Petit visage noir, belle Abyssine, attends et espère car l'heure déjà s'approche » ; *Faccetta nera* fut une des plus célèbres chansons italiennes de l'entre-deux-guerres.

** « Soleil qui se lève libre et joyeux, dompte tes chevaux sur nos collines… »

*** « Tu ne verras pas une seule chose au monde *plus grande que Rome…* », que l'enfant comprend « Tu ne verras rien du monde, *Major de Rome.* »

Heureusement, vient toujours ensuite le moment de «*Roma rivendica l'Impero, e l'ora dell'aquila suonò, squilli di trooomba salutan il vol**...», hymne que je trouve quant à moi lumineusement exaltant.

Mais du jour au lendemain nous n'avons plus le droit de chanter *Faccetta nera*, le fez est confisqué et fourré sous les jouets dans le coffre de l'entrée. Domenico, le concierge, a expliqué à Annemarie que c'est une chanson interdite parce que cet appel à la «belle Abyssine» est une offense à la race aryenne pure, à laquelle nous appartenons. Aussi, maintenant, quand il m'arrive d'accompagner Italia chez le boulanger pour acheter des petits pains à l'huile, je regarde avec un peu d'appréhension le négrillon de tôle peinte qui tient dans ses mains une petite boîte. Si je glisse une pièce, et dix centimes suffisent, le négrillon fait un mouvement de haut en bas avec sa tête. Il te remercie, dit la caissière. *Faccetta nera* à présent c'est lui, même si Italia répète que c'est le petit nègre des Missions.

Chez nous les Missions sont quelque chose de très important. On en parle souvent, et elles s'incarnent parfois dans des prêtres à barbe longue qui boivent le café dans le salon. Ils viennent de très loin, et apportent en cadeau des boîtes en bois de santal et des crucifix à incrustations de nacre, des rosaires d'olivier de Gethsémani. Des peaux de tigre à pattes griffues et gueule grande ouverte,

* «Rome revendique l'Empire, et l'heure de l'Aigle sonna, des sonneries de trompette saluent son envol...»

aux yeux froids en verre. Avant de s'en aller ils nous bénissent, nous les enfants, en posant la main sur notre tête ; et quand ils sont rentrés en Afrique, ils envoient des photographies où on les voit habillés de blanc devant leur église toute neuve en bois.

En 1937, Hitler est au pouvoir depuis quatre ans, et dans les premiers camps de concentration en Allemagne, à côté de la section pour les prisonniers politiques, il y a une section pour les Juifs, la plupart accusés du « viol de jeunes aryennes ». Les plus clairvoyants, ceux qui avaient la possibilité de le faire, ont recommencé leur vie ailleurs. Mais émigrer commence à devenir une aventure risquée : les Juifs ont en effet l'autorisation d'emporter de moins en moins d'objets de valeur avec eux, pas plus de huit pour cent de leurs biens. Et sans argent personne ne les accepte. En mars, Pie XI promulgue l'encyclique *Mit brennender Sorge* ["Avec une brûlante préoccupation"], écrite en allemand, contre le néopaganisme nazi. Et cinq jours plus tard, par l'encyclique *Divini Redemptoris*, il condamne tout aussi durement le communisme athée et matérialiste.

Quelques jours après la publication de *Mit brennender Sorge*, le cardinal de Chicago, Mundelein, attaque violemment Hitler. Pie XI le soutient ; et le secrétaire d'État Pacelli est obligé de rassurer l'ambassadeur allemand au Vatican, Diego von Bergen.

L'année 1937 voit également paraître une nouvelle édition, par Julius Evola, des *Protocoles des Anciens Sages de Sion*. L'histoire de ce livre est longue et compliquée. La première édition de 1903, publiée à Saint-Pétersbourg, serait en réalité la traduction d'un texte originellement écrit à Paris en 1897-1898, et se présentant comme le compte-rendu d'une vingtaine de conférences politiques et sociales (ou « protocoles ») tenues secrètement à Bâle lors du congrès sioniste de 1897. Conférences qui dévoileraient le vaste dessein occulte des Juifs pour la conquête du monde. Les prétendus *Protocoles* sont en réalité le fruit de l'imagination des agents secrets de la police tsariste, et en Russie ils se répandent surtout après l'édition de 1905, lorsqu'ils sont inclus dans l'ouvrage du mystique Sergueï Alexandrovich Nilus : *Le grand dans le petit. L'antéchrist comme possibilité politique imminente.* Mais c'est seulement après la révolution que les *Protocoles*, dont les Russes blancs apportent le livre avec eux, connaissent une grande notoriété. Entre 1920 et 1921, ils sont publiés également en Allemagne, en Angleterre, en France, en Pologne, en Hongrie, en Yougoslavie et en Italie. Et la révolution bolchevique apparaît comme la première étape du projet juif pour la domination occulte du monde.

Très vite, le journaliste Philip Graves découvre que les *Protocoles* ne sont qu'un plagiat, et une paraphrase du *Dialogue aux enfers entre Montesquieu et Machiavel*, pamphlet contre Napoléon III imprimé à Bruxelles en 1864. Mais cela ne suffit pas à empêcher leur diffusion ni leur succès, presque unanime.

Sauf en Italie. Quand ils y sont publiés pour la première fois en 1921, dans deux éditions différentes, présentées l'une par un journaliste et l'autre par un prêtre intégriste, les *Protocoles* passent quasiment inaperçus. La nouvelle édition de 1937 suscite en revanche un intérêt immédiat, et elle est épuisée en trois mois.

Il ne sert à rien que, parlant de ces *Protocoles*, Jacques Maritain, dans *L'impossible antisémitisme*, un texte célèbre de 1937, invite à une réflexion sur l'antisémitisme présent dans une certaine tradition catholique et contradictoire avec la pensée chrétienne. Un article fameux du père Charles, paru dans la *Nouvelle Revue théologique* de Louvain en janvier 1938, ne rencontre guère plus d'écho. Pourtant ce jésuite, après avoir montré que les *Protocoles* étaient des faux, concluait ainsi : «… on a voulu en rendre coupables les Juifs, ils n'en sont que victimes, et victimes innocentes».

Dans la troisième édition italienne de ces *Protocoles*, datée de 1938, un nouveau chapitre sera inséré, sous le titre «*Gli ebrei in Italia*» («Les Juifs en Italie»), avec la liste alphabétique (dans quel but, on l'imagine aisément) de neuf mille huit cents familles juives.

Les petites filles photographiées durant l'été de cette année 1937 sur la terrasse de monsieur

Stuflesser à Ortisei, dans le Tyrol italien, cachées derrière d'énormes marguerites en papier crépon, fêtent le retour de papa et maman, tout juste rentrés d'un voyage en Allemagne. Les parents racontent qu'ils ont roulé sur les nouvelles autoroutes construites par Hitler, et ils parlent de ces merveilleuses *Autobahnen* sur lesquelles l'Astura filait sans heurts. Ils racontent encore combien ils ont admiré l'ordre et la discipline, la propreté d'un peuple qui a prouvé ses prodigieuses capacités d'organisation. Ils ne nous racontent pas les énormes banderoles à la sortie de Rosenheim, juste après la frontière entre l'Autriche et la Bavière, sur lesquelles était écrit en gros caractères : *Wir wollen keine Juden.* Nous ne voulons pas des Juifs.

Une inscription en caractères gothiques, noir sur jaune, qui a beaucoup impressionné mon frère, parti avec eux ; mais lui, blond et fier de son italianité, heureusement ça ne le concernait pas. Il a dix ans et, après avoir admiré à Munich les sentinelles qui montent la garde devant le Sanctuaire militaire, il a voulu, foudroyé par l'allure martiale des SS habillés de noir, immobiles à paraître de pierre, qu'on lui achète un petit casque pour jouer, avec la croix gammée dessus. Pendant un arrêt sur l'une de ces fameuses *Autobahnen*, il a voulu qu'on le photographie avec ce casque sur la tête, bras levé pour le salut nazi. Étrange tour joué par le Kodak à soufflet, qui fixe pour l'éternité un geste inconscient, ou impulsion du moment ? Complaisance excessive des parents, oubli passager, qu'imaginer d'autre ?

Mais cet hiver-là, quand un de ces missionnaires venus en visite lui caressera affectueusement les cheveux et lui dira, pour le complimenter : « Tu as tout à fait l'air d'un petit Allemand », prenant un air de changer brusquement d'avis il tirera avec colère sur sa mèche blonde.

En octobre, notre panorama scolaire connaît la première mutation de sa courte histoire. Mon frère entre au lycée et doit donc quitter les sœurs de l'Adoration, qui ne font que les classes élémentaires. On a choisi pour lui l'institut Massimo, un collège tenu par les jésuites, grand bâtiment néoclassique à côté de la gare dans lequel a lieu chaque samedi, comme dans toutes les écoles du royaume, le « rassemblement » : exercices, marches et mousquetons pour entraîner les élèves à la guerre. Maman lui achète pour l'occasion, chez Zingone, à la Maddalena, un nouveau costume de *balilla* *, avec une culotte gris-vert à mi-cuisse et une chemise de soie noire. Vêtu de son nouvel uniforme, fez et large ceinture élastique, il l'accompagne chercher papa au train qui arrive de Turin. Impatients et joyeux, ils attendent sur le quai tous les deux pendant que la locomotive pénètre au milieu des nuages de fumée sous la grande voûte en fer de la gare de Termini. Maman a peut-être un chapeau de feutre, peut-être un

* Organisation de jeunesse fasciste encadrant les garçons de huit à quatorze ans; les filles du même âge entraient dans les « Petites Italiennes ».

manteau léger sur sa robe en soie imprimée. Papa descend plusieurs wagons en arrière, tenant à la main sa mallette de voyage, un *nécessaire* protégé par une housse de tissu beige. Il est grand, maigre, il porte encore des cols durs et on le reconnaît de loin au chapeau gris qu'il lève toujours bien haut pour signaler sa présence. Maman sourit, tout heureuse, et elle agite une main gantée de clair pour dire : nous sommes là, nous voici ! Tout en avançant vers eux, papa cligne légèrement des paupières, l'espace d'un court instant ses yeux derrière les lunettes font le point sur elle et son petit garçon en uniforme. Puis il remet le chapeau sur sa tête, et se mêle aux autres voyageurs et aux porteurs avec les valises en bandoulière. Maman reste là avec sa main levée qui ne sait pas si elle doit ou non se baisser, mon frère attend en se rengorgeant, plein de gloriole, le fez un peu de travers comme de mise. Papa n'a pas un signe, pas un sourire, il continue tout droit avec sa mallette dans sa housse de tissu ; et avant que maman n'ait ouvert la bouche et mon frère bougé un seul muscle, il est déjà trop loin, regardant droit devant lui. Déjà son chapeau gris se confond avec les autres chapeaux dans le grand hall de la gare. Il disparaît. Maman et mon frère sont restés seuls devant les wagons vides, les dernières bouffées de vapeur qui se changent en eau sur les rails.

Je ne sais pas ce que maman et son petit garçon en uniforme se sont dit sur le chemin du retour, avec Francesco assis au volant qui conduisait l'Astura. Si l'humiliation a été la plus forte, ou si le sentiment du ridicule l'a emporté. Je ne sais pas non plus si l'aversion de mon frère pour les rassemblements à venir, et pour cette chemise noire en soie, ces culottes gris-vert à mi-cuisse, est née durant ce bref trajet entre la gare et la maison, quand le grand « M » du fez brillait, métallique dans le soleil d'octobre.

Le 12 mars 1938, l'armée allemande franchit la frontière autrichienne. Le 13, l'Autriche est invitée à rejoindre le Grand Reich. Le 14, Hitler entre triomphalement à Vienne entre deux haies de foule en liesse, tandis que derrière les barrières des petites filles en costume agitent des bouquets de fleurs. Par un référendum qui sera également étendu aux Allemands, les Autrichiens sont appelés à se prononcer en faveur de l'Anschluss, l'annexion, qui fera de leur pays une nouvelle province de l'Allemagne ; bien sûr, les deux cent mille Autrichiens répertoriés comme Juifs sont exclus de cette consultation. Commence aussitôt une gigantesque campagne de propagande, dans laquelle les Allemands attendent de l'Église qu'elle joue son rôle. Le 15 mars, l'évêque de Vienne, le cardinal Theodor Innitzer, rencontre Hitler. L'entretien est si convaincant que le cardinal envoie une circulaire aux différents diocèses pour les inciter à faire de la propagande pour l'Anschluss ; en se concentrant particulièrement, précise-t-il, sur les organisations de jeunesse. Et il affirme dans cette circulaire avoir reçu du Führer l'assurance « que l'Église n'aura pas à regretter sa fidélité envers le grand État allemand ». Le 27 mars, une déclaration collective de l'épiscopat autrichien est lue dans toutes les églises du pays : « … Nous reconnaissons avec joie que le mouvement national-socialiste a fait et fait encore œuvre éminente dans le domaine de la construction nationale et économique, comme aussi dans le domaine de la politique sociale pour le Reich et la nation allemande, et notamment pour les couches les plus pauvres de la population. Nous sommes également convaincus que l'activité du mouvement national-socialiste a écarté le danger du bolchevisme athée destructeur de tout.

« Les évêques accompagnent cette activité pour l'avenir de leurs meilleures bénédictions, et ils instruiront les fidèles en ce sens.

« Au jour du plébiscite, il va sans dire que c'est pour nous un devoir national, en tant qu'Allemands, de nous déclarer pour le Reich allemand, et nous attendons également de tous les chrétiens croyants qu'ils sauront ce qu'ils doivent à leur nation. »

Le 1er avril, le cardinal Innitzer envoie un message au cardinal Bertram, président de la conférence de Fulda, qui réunit la plupart des évêques catholiques d'Allemagne, en lui exprimant l'espoir que l'épiscopat allemand s'alignera sur l'épiscopat autrichien. Et à la fin de ce message, avant de signer, il ajoute de sa propre main : *Und Heil Hitler !*

Cet enthousiasme immédiat suscite un certain nombre de réactions. Le 2 avril, l'*Osservatore Romano* précise que la déclaration des évêques d'Autriche a été rédigée et signée sans l'approbation du Saint-Siège. Mais la veille, à huit heures du soir, Radio Vatican a retransmis une émission en allemand sur le thème : « Qu'est-ce que le catholicisme politique ? » Une sorte de causerie très critique à l'égard des évêques autrichiens et en particulier du cardinal Innitzer, prononcée par un jésuite allemand qui, pour des raisons évidentes, a conservé l'anonymat.

Le jésuite en question s'appelle Gustav Gundlach et c'est un spécialiste de la doctrine sociale de l'Église. Mais au sein même du Vatican un dénonciateur transmet son nom à Berlin ; et quelqu'un, à la fin du mois de mai, avertit Gundlach que s'il rentre en Allemagne il sera arrêté.

Pendant ce temps, le cardinal Innitzer a été convoqué d'urgence par Pie XI, et il arrive à Rome en avion le 5 avril. Une sorte de rétractation va suivre, sous forme d'une nouvelle déclaration, dans laquelle le cardinal, en son nom et au nom de tout l'épiscopat autrichien, invite les fidèles à ne pas tenir compte de ce qui avait été dit précédemment, toute directive politique étant incompatible avec la foi et la liberté de conscience des catholiques. Il précise également que ni l'État ni aucun parti politique ne sont autorisés à utiliser en leur faveur aucune des déclarations précédentes.

Le 10 avril, c'est un « *Ja* » massif pour l'Anschluss : 99,08 pour cent de votants en

Allemagne, et 99,75 pour cent en Autriche. L'ancien empire des Habsbourg est devenu dès lors une nouvelle province du Reich : l'*Ostmark*.

Depuis le mois d'octobre déjà, je suis enfin dans la première classe de l'école élémentaire. Il fait froid et dehors dans le jardin les moineaux picorent le gravier, les arbres sont secoués par la tramontane. Ma maîtresse est une fasciste fervente et la première poésie que j'apprends c'est *Sulle ginocchia materne compitava Benito, Luigi Nason*, et le nom de l'auteur, Luigi Nason, est pour moi partie intégrante de la composition. Sur la couverture de mon cahier, le roi et le Duce arborent de grands panaches blancs. Le roi est petit et malingre, comme on peut le voir dans les films d'actualités auxquels j'assiste le samedi après-midi, engloutie dans le fauteuil et submergée par l'ennui, quand papa nous emmène au cinéma Planetario. Le Duce, lui, est fort, il a des pectoraux, et il fait du cheval à la Villa Torlonia * ou bien s'élance torse nu sur la neige, les skis aux pieds. Une gigantesque photographie de lui trône dans la salle à manger de l'hôtel du Terminillo, une station de ski ouverte depuis peu pour les loisirs des Romains et où l'on nous emmène parfois nous amuser avec une petite luge.

La seule chose qui m'attriste, c'est que je n'ai pas d'uniforme de Petite Italienne. À la maison, la chose a été jugée superflue ; si besoin est,

* Résidence du Duce.

j'utiliserai celui de ma sœur Teresa. Mais à l'école les bonnes sœurs ne me demandent jamais de venir en uniforme, il n'en faut un, disent-elles, que pour l'examen de la cinquième année. Je le regrette, à cause de cette cape noire qui fait comme une roue, et du bonnet, une sorte de bas qui ressemble à de la soie. Quand nous jouons à nous déguiser, mes sœurs se servent de cette cape comme d'une jupe qui va jusqu'aux pieds, alors que moi je dois me contenter de nouer autour de ma taille le grand foulard à fleurs qui le soir masque la lumière sur la table de nuit. Pour une raison quelconque à rechercher dans l'enfance, nos déguisements sont en effet toujours exclusivement réservés au « devant » ; la partie postérieure, fesses, dos, mollets, n'existe pas.

Mais la plupart du temps elles prennent les pattemouilles pour jouer à « faire les bonnes sœurs », et les poupées alignées sur les chaises deviennent leurs élèves martyrisées. J'ai une réticence instinctive à endosser l'habit monastique, même pour jouer, et je préfère continuer à mettre le grand foulard à fleurs et « faire la maîtresse ». Parfois je me transforme en « dame sportive » en fermant ma jupe entre mes jambes à l'aide d'une épingle à nourrice, me racontant que je porte un pantalon. La dame sportive conduit des automobiles et des avions. Elle fume et elle joue au tennis.

Pendant ce temps a commencé en Italie depuis plus d'un an une campagne de presse destinée à sensibiliser une opinion publique peu attentive au thème de la « race ». Le coup d'envoi a été donné en avril 1937 par la parution dans toutes les librairies du livre de Paolo Orano : *Gli ebrei in Italia* (« Les Juifs en Italie »). Mais après l'annexion de l'Autriche, l'exemple de l'élève qui dépasse le maître galvanise notre Duce et le rend impatient ; en peu de temps, la question de la race devient d'actualité dans toute la presse nationale. Et Emilio De Bono, quadrumvir de la « marche sur Rome » et ancien chef de la police, pourra noter dans son journal au 3 septembre : « La presse... est plus que d'habitude encore servilement répugnante. »

Les attaques contre les Juifs couvrent un vaste horizon ; cela va de la présence des Juifs dans la finance et à la Bourse à celle des Juifs dans la presse, l'agriculture, le commerce et le théâtre, dans le cinéma et dans la marine, ou encore dans la musique. Ne sont pas oubliés non plus les Juifs présents dans le sport. Le langage hausse le ton tandis que le style baisse, comme le montre ce rédacteur de *Roma fascista* qui écrit le 5 octobre 1938, prenant prétexte de quelques Juifs arrêtés à la frontière au moment où ils tentaient de s'expatrier en emportant avec eux une partie de leurs biens : « Les Juifs dans leur totalité, les philosémites et les individus suspects, quand ils quittent l'Italie, doivent n'emporter avec eux que quatre sous, leurs vêtements et leur trogne. Mais si leurs vêtements devaient leur servir à subtiliser un seul sou de plus, alors qu'on les mette nus, et qu'on leur fasse passer la frontière nus, à coups de pied au cul. »

Parmi les intellectuels, une des cibles préférées est pour l'instant Alberto Pincherle, Moravia (bien qu'à demi juif). Mais le grand philosophe Benedetto Croce lui-même est attaqué, lorsque sa revue *La Critica* publie sous forme d'« épître » un article de l'humaniste Antonio Galateo qui prend la défense des Juifs. La protestation du peintre futuriste Marinetti, qui jouit d'un grand prestige dans les milieux fascistes, causera un plus grand désordre. Dans le numéro de décembre 1938 du journal *Artecrazia*, Marinetti attaquera violemment les lois raciales sur le plan culturel, soutenant qu'à travers l'antisémitisme ce qu'on veut atteindre c'est, comme en Allemagne, l'art moderne. Le journal sera immédiatement saisi, mais les copies clandestines auront la vie longue.

Ces cas restent cependant isolés. Et si le nouveau cours des choses ne suscite pas chez la majorité des Italiens un enthousiasme auquel Mussolini d'ailleurs ne s'attend pas, on ne voit pas l'ombre, dans la classe intellectuelle, de cette fière opposition que beaucoup auraient espérée. On y voit plutôt ce que Concetto Marchesi appellera en janvier 1945 une « avidité de consensus ». Un accueil si chaleureux qu'un certain Francesco Biondolillo va même jusqu'à écrire dans *L'Unione Sarda* du 14 avril 1939 : « Mais le plus grand danger est peut-être dans la prose romanesque où se tisse, depuis ce Juif roublard d'Italo Svevo jusqu'à ce Juif ultraroublard d'Alberto Moravia, tout un misérable filet qui s'en va pêcher dans les fonds bourbeux de la société des figures répugnantes d'hommes qui ne sont pas "des hommes" mais des êtres abouliques, souillés par une sexualité basse et répugnante, physiquement et moralement malades… Les Maîtres de tous ces romanciers sont ces fous pathologiques qui s'appellent Marcel Proust et James Joyce, noms d'étrangers et de juifs jusqu'à la moelle des os, de défaitistes jusqu'à la racine des cheveux.» Après la guerre, Francesco Biondolillo obtiendra la *libera docenza*, capacité à enseigner dans les universités, et donnera non seulement des cours dans un lycée romain, mais de nombreuses leçons de littérature italienne à La Sapienza, la plus ancienne université de Rome.

Et le gouvernement, pour récompenser autant de bonne volonté et entretenir l'enthousiasme, décide d'augmenter — il ira jusqu'à les tripler — les subventions d'État en faveur des intellectuels.

Ils furent nombreux, ceux qui signèrent des articles défendant toutes voiles déployées la valeur et la qualité de la «race italique», et dénonçant le danger que les Juifs faisaient courir à toute cette pureté. Beaucoup n'étaient alors guère plus que des jeunes gens, grandis à l'école du fascisme, mais d'autres étaient déjà des adultes : des hommes faits, comme on disait en ce temps-là. L'exemple le plus probant est celui de l'écrivain Guido Piovene, qui avait trente ans en 1938, et qui était un intellectuel confirmé, journaliste et auteur de romans alors déjà traduits en plusieurs langues. En novembre, l'encre des lois raciales n'est pas encore sèche quand il accepte de rédiger le compte-rendu d'un répugnant opuscule de Telesio Interlandi, le directeur de *La Difesa della Razza* (« La Défense de la Race »), nouvelle revue au graphisme agressif et anticonventionnel, financée par de très grandes banques et compagnies d'assurances, mais aussi par de grandes industries sidérurgiques comme la Breda et les Officine Vilar Perosa. L'opuscule en question s'intitule *Contra Judæos* et, dans sa critique pour le *Corriere della Sera*, Guido Piovene écrit : « Expliquer aux Italiens que la race est une donnée scientifique, biologique, basée sur l'affinité de sang, est le premier devoir que ce livre encourage ; le second est de démontrer que l'infériorité de certaines races est perpétuelle ; que lors des croisements, l'inférieur prend le pas sur le supérieur ; que la race italienne doit veiller jalousement sur son immunité… Les Juifs ne peuvent être que les ennemis et les exploiteurs de la nation qui les héberge. De sang différent, et conscients de leurs attaches, ils ne peuvent que s'unir contre la race étrangère. La quantité immense de positions éminentes occupées en Italie par les Juifs est le résultat d'une bataille tenace. En tant qu'étrangers, ils tentent de parvenir au triomphe sur la culture nationale des autres en la poussant à des formes "européanistes", en la détachant des racines populaires de l'art, comme cela s'est produit en Italie. »

Presque simultanément arrive chez nous *Euro, le jeune aviateur*, l'histoire racontée aux enfants d'un jeune garçon « audacieux et téméraire, qui pilote un appareil lors d'une épreuve dont l'Italie doit sortir victorieuse. Mille embûches viennent contrecarrer la volonté hardie du jeune héros, qui, d'un cœur solide et d'une main ferme, poursuit, imperturbable, son vol difficile. C'est Euro, le fils de la grande Italie fasciste… » Une Italie qui ne peut tolérer plus longtemps les intrigues de ses ennemis jaloux, celles en particulier du Juif Jacob Manussai, « figure crasseuse de vieil homme avec une longue tignasse et une barbiche de bouc d'un blanc sale. Nez crochu, sourcils épais, regard acéré derrière une énorme paire de lunettes, lèvres molles, entre lesquelles apparaissaient des canines jaunâtres », qui tente de faire échouer l'entreprise d'Euro. En vain ; grâce également à Giorgione Pascal, un gangster, certes, mais repenti, et italo-américain.

En dépit de l'enthousiasme de l'auteur à nous décrire cette entreprise mirobolante, Euro, le fier-à-bras fascisant, ne rencontre auprès de nous qu'un succès très mitigé. Les tribulations de son hydravion, comparées aux passionnantes aventures du *Téléférique mystérieux* ou de la *Tour du Nord*, sont jugées par nous ennuyeuses et stupides.

Pendant ce temps, les signes de ce qui se prépare deviennent de plus en plus évidents. Et si Pie XI s'oppose avec plus d'obstination que prévu, les négociations se poursuivent entre le Vatican et Mussolini par l'intermédiaire du nonce Borgongini Duca. On tente de se ménager les bonnes volontés du pape en soulignant ce qui, dans les nouvelles lois, se réclame de la tendance séculaire de l'Église à propos des Juifs : « discriminer sans persécuter ».

Mais Pie XI n'est pas un homme peureux ou malléable, et un affrontement très dur avec Mussolini commence à se dessiner. Les obstacles sont nombreux, l'un d'eux surtout paraît insurmontable : la règle des mariages entre catholiques et juifs convertis (ou non convertis, si le mariage a été célébré à l'église), des mariages qui, s'ils étaient considérés comme nuls, seraient en contradiction avec le Concordat signé le 11 février 1929, dont l'article 34 reconnaissait au mariage religieux la même valeur qu'au mariage civil.

Au grand soulagement de Mussolini, *Civiltà Cattolica*, revue officielle des jésuites, qui jouit d'une grande autorité en raison de ses liens avec le secrétariat d'État, fait preuve de plus de souplesse et de compréhension à l'égard des nouvelles orientations politiques ; sur la « question juive », elle a choisi comme ligne « une ségrégation ou distinction en accord avec notre temps ». Sous la signature du père Enrico Rosa, qui a dirigé la revue de 1915 à 1931 et qui est encore un de ses rédacteurs les plus influents, les articles qui condamnent le racisme biologique contiennent dans le même temps une mise en garde contre les Juifs, « non parce qu'ils sont de race juive, mais à cause de leurs comportements et de leur culture ».

Cependant Pie XI sera encore l'occasion d'une grosse contrariété. Lorsque Hitler, le 2 mai 1938, arrive à Rome, toute la ville est illuminée en signe de fête, le Vatican seul reste dans l'obscurité. Pour ne pas rencontrer le Führer, le pape est parti le 30 avril à Castel Gandolfo, avançant ses vacances d'été. Et le 3 mai, dans l'*Osservatore Romano*, il énumère un ensemble de propositions qu'il juge, sur la question du racisme, inacceptables : un petit syllabus en huit points que la Congrégation romaine compétente a fait parvenir dans les universités catholiques dès le 13 avril.

Le soir de l'arrivée d'Hitler, on m'emmène voir le Colisée et la via dell'Impero illuminés. Sur des colonnes sont posés de grands plats de bronze où brûlent des feux. Je n'ai jamais rien vu de pareil : ces plats d'où montent des flammes agitées par le vent s'appellent des « tripodes ». Hitler est le chef des Allemands, Annemarie est fière de lui. Les bonnes sœurs, elles, qui sont françaises, n'aiment pas beaucoup Hitler, et mère Gregoria quand je lui raconte les plats de bronze avec les flammes plisse son petit nez.

C'est dimanche matin et papa est encore au lit, je me suis glissée sous les draps pour qu'il me raconte l'histoire de la petite chèvre désobéissante. J'aime le corps de papa, sa maigreur fragile dans son pyjama, la peau très blanche de ses bras qui sortent des manches trop larges. Sa manière de raconter mi-didactique mi-ironique, ses yeux gris-bleu dans lesquels la petite chèvre désobéissante paraît vouloir bondir vers moi. Une lumière limpide et fraîche, liquide, triomphe de la grisaille des immeubles d'en face, mais il n'est sans doute pas très tard car Italia frappe à la porte et vient poser sur le lit les journaux qu'elle a achetés en sortant de la messe. L'*Osservatore Romano* n'y était pas, dit-elle. Comment ça il n'y était pas, il aurait dû être en kiosque hier après-midi ! Papa, étonné, continue de la regarder. Le vendeur a dit : Aujourd'hui, les journaux de sacristie y en a pas... Italia a une grimace de mépris destinée au vendeur et elle reste plantée sur le seuil de la chambre, comme si tout à coup la gravité de l'événement lui conférait une sorte d'autorité. La petite chèvre a disparu des yeux gris-bleu de papa, je ne la reverrai plus ce matin. Je ne sais pas ce que c'est qu'un « journal de sacristie » mais je partage la stupeur et la réprobation générales à l'égard de ce qui est venu troubler mon idylle matinale du dimanche.

Quelques jours après, c'est encore pire, Italia se fait insulter et quelqu'un lui arrache des mains l'*Osservatore Romano* qu'elle vient d'acheter : cette fois, son large visage au teint olivâtre est altéré par l'angoisse, et ses mains tracent des gestes dans l'air, comme si elle devait encore se défendre contre une menace, avec son tablier à carreaux qui dépasse sous son manteau.

À la fin du mois de mai, trois semaines après la visite d'Hitler à Rome, une commission du Bureau de police raciale du Reich s'installe discrètement à Milan pour prêter main-forte aux collègues fascistes.

Le 2 juillet, dans la revue jésuite *Civiltà Cattolica*, le père Enrico Rosa rend compte d'un ouvrage de Rudolf Laemmel publié en Suisse et qui réfute le racisme nazi : *La « théorie moderne des races » brandie par un non-catholique.* Et le père Rosa, bien qu'il accepte l'hypothèse de cet ouvrage concernant l'athéisme du racisme allemand, écrit que « l'auteur, cependant, exagère, trop oublieux des persécutions continuelles des Juifs à l'encontre des Chrétiens, et en particulier de l'Église catholique, comme de leur alliance avec les francs-maçons, les socialistes et autres partis antichrétiens ; il exagère vraiment lorsqu'il conclut que "ce serait non seulement illogique et antihistorique mais également une vraie trahison morale si de nos jours le christianisme ne veillait pas sur les Juifs". On ne peut pas non plus oublier que de tout temps ce sont les Juifs eux-mêmes qui ont appelé et appellent encore sur eux la juste aversion des peuples, par leurs abus trop fréquents et par leur haine du Christ lui-même, de sa religion et de son Église catholique, comme s'ils prolongeaient ce cri de leurs pères injuriant le sang du Juste et du Saint… »

En juillet, alors que nous dévalons comme chaque été les prairies d'Ortisei, un nombre considérable de professeurs et d'assistants d'université offre au Duce le cadeau le plus convoité : l'aval officiel de la Science. Une sorte d'investiture culturelle pour la campagne de défense de la race « italico-romaine » qu'il a entreprise. Le 25 juillet (une date qui, cinq ans plus tard, sera fatale à Mussolini) un communiqué du Parti national fasciste rend publics les noms des illustres signataires du *Manifesto degli Scienziati razzisti* (« Manifeste des savants racistes »), paru anonymement le 14 juillet dans le *Giornale d'Italia.* Ce texte, intitulé en fait *Le Fascisme et les problèmes de la race*, a été rédigé par Guido Landra, jeune assistant en anthropologie, sur des indications de Mussolini et de Dino Alfieri. Il est présenté officiellement au public comme le fruit d'une collaboration entre le professeur Nicola Pende, éminent directeur de l'Institut de pathologie médicale de Rome (il conservera sa chaire jusqu'en 1955), savant internationalement réputé et sénateur du royaume, et les illustres professeurs Arturo Donaggio, titulaire de la chaire de neuropsychiatrie à Modène (il mourra en 1932), Franco Savorgnan, président de l'Institut central de statistique (il gardera son poste jusqu'en 1949), Sabato Visco, titulaire de la chaire de physiologie générale et directeur de l'Institut national de la nutrition à Rome (il le restera jusqu'en 1963), Edoardo Zavattari, titulaire de la chaire de zoologie à Rome (poste qu'il conservera jusqu'en 1958), auxquels il faut ajouter un nombre considérable d'assistants.

Le résultat est tel que Mussolini pourra officiellement déclarer que l'orientation du racisme italien est « aryano-nordique ».

Aux quarante-quatre millions de personnes qui

vivent dans la péninsule, le *Manifeste* explique en effet l'existence des races et leurs différentes caractéristiques, et, pour finir, l'importance de la race à laquelle ils appartiennent (à l'exclusion bien sûr des 48 032 Juifs) et qu'un tel patrimoine doit être conservé génétiquement pur, afin de ne pas altérer les caractéristiques qui l'ont distingué à travers le monde. Une explication « scientifique » qui avalise, de fait, la décapitation très proche de l'Institut de physique et de mathématiques, deux instituts qui, depuis la fin du siècle dernier, connaissent leur âge d'or. Les lois raciales, jointes à l'autarcie culturelle prônée par le régime, tomberont sur eux comme un couperet. L'Institut de mathématiques sombrera dans un isolement qui l'éloignera à jamais des sommets internationaux qu'il avait atteints au début du siècle.

Par une lettre de quatre lignes signée du recteur Cardinali, disant : « Il résulte de votre fiche de recensement personnel que vous appartenez à la race juive. Vous êtes pour cette raison suspendu de votre service à compter du 16 octobre 1938 XVI », sont définitivement exclus de l'enseignement et de toute autre fonction, aux termes de la « loi du R : D : L : 5-9-1938 n° 1390 » : le professeur Tullio Levi-Civita, membre de l'Académie française des sciences et seul membre italien du comité de rédaction de la prestigieuse revue allemande *Zenterblatt für Mathematik* (dont les rédacteurs les plus éminents démissionneront en signe de protestation), ou encore les professeurs Federico Enriques, Corrado Segre et Guido Castelnuovo, les trois fondateurs de la grande école italienne de géométrie algébrique. Pour la physique, l'expulsion de chercheurs tels qu'Emilio Segré, Eugenio Fubini, Leo Pincherle, Bruno Rossi, mais aussi le départ pour les États-Unis d'Enrico Fermi, dont la femme est juive, signifiera la fin de l'extraordinaire expérience connue sous le nom d'« École de la via Panisperna ». On pourrait citer à ce propos la réponse donnée par David Hilbert, l'une des plus grandes autorités mondiales en matière de mathématiques, au ministre nazi de la Culture du Reich qui s'était rendu à l'université de Göttingen en 1934 pour y présider un banquet et lui avait demandé si l'Institut de mathématiques avait souffert de l'expulsion des Juifs : « Souffert ? Il n'a pas souffert, monsieur le Ministre, il a simplement cessé d'exister. »

Faire la liste de tous les « suspendus » dans les différentes disciplines occuperait plusieurs pages ; et pour empêcher que ces professeurs de mauvaise race n'aillent salir à l'étranger le bon renom de l'Italie, il leur est formellement interdit de participer à quelque congrès international que ce soit.

Quand Levi-Civita mourra, en 1941, sans même l'assistance d'une infirmière (parce qu'il sera défendu aux Juifs d'avoir à leur service du personnel aryen), le seul journal à lui consacrer une nécrologie sera l'*Osservatore Romano*. Levi-Civita était en effet également membre de l'Académie pontificale des sciences.

Mais la satisfaction majeure, c'est sans aucun doute du corps académique presque entier que

Mussolini va la recevoir. Les professeurs juifs, ordinaires ou extraordinaires, sont en effet au nombre de quatre-vingt-dix-huit, et on compte cent quatre-vingt-quatorze professeurs détachés. Soit près de trois cents postes qui deviennent immédiatement disponibles grâce aux lois raciales, facilitant ainsi grandement la digestion de mesures qui auraient pu sans cela paraître indigestes. Sans compter que dans cette nouvelle course aux postes, on voit d'un seul coup devenir vacantes quelques-unes des chaires les plus prestigieuses. La seule préoccupation du corps académique concerne les chaires qui resteraient sans professeur ; et des appels pressants sont aussitôt lancés pour qu'elles ne soient pas supprimées et pour que chaque faculté puisse conserver les siennes.

Quant aux « remplaçants », on ne connaît qu'un seul exemple de refus d'une chaire laissée vacante contre son gré par un enseignant de « race juive » : celui du journaliste et romancier Massimo Bontempelli.

Presque au moment où est publié le *Manifeste de la Race*, le ministère de l'Intérieur annonce la création d'une Direction générale pour la Démographie et la Race, qu'on appellera plus simplement « *Demorazza* » (« Démorace »), et qui décidera pendant cinq ans du sort de milliers de Juifs italiens et étrangers, assistée par un très efficace tribunal, lui aussi « de la Race », et statuant sur les recours de ceux qui tenteront d'échapper aux mailles de la ségrégation.

Le 16 juillet, l'*Osservatore Romano*, annonçant en deuxième page la parution du *Manifeste*, se contente d'un résumé qui tente de souligner « les "observations scientifiques objectives", différentes dans leurs intentions de ce que l'on appelle communément "racisme" ; et dans lesquelles les différences "spirituelles" paraissent l'emporter sur les différences "biologiques", au sens où il n'existe pas de race qui soit inférieure ou supérieure ».

Mais si le *Manifeste de la Race* semble ne pas chagriner les hautes autorités religieuses, au sens où il « discrimine mais ne persécute pas », il provoque chez Pie XI une réaction résolument inverse. Dès le 15 juillet, lors d'une audience accordée au chapitre général des sœurs de Notre-Dame-du-Cénacle, le pape, dans un long développement, réfute d'un point de vue chrétien ce qu'il appelle un « nationalisme exagéré qui, déclare-t-il, empêche le salut des âmes, qui dresse des barrières entre les peuples, qui est contraire non seulement à la loi de Dieu, mais à la foi elle-même, au *Credo* lui-même, ce *Credo* qui est chanté dans toutes les cathédrales du monde… "Catholique" veut dire "universel" ; il n'y a pas d'autre traduction possible, que ce soit en italien ou dans une autre langue moderne… » Et quelques jours plus tard, parlant devant cent cinquante assistants ecclésiastiques de la jeunesse italienne de l'Action catholique, il revient sur le même thème : « Hélas, il y a quelque chose de bien pire que l'une ou l'autre formule de racisme et de nationalisme : l'esprit qui les dicte. Il faut dire en effet qu'il y a quelque chose de particulièrement détestable, c'est cet esprit de séparatisme, de nationalisme exagéré, qui, précisément parce qu'il n'est pas chrétien, parce qu'il n'est pas religieux, finit par n'être même pas humain. »

Le 28 juillet, dans un discours, mieux connu, aux élèves du Collège pontifical urbain de la Propagande, organisme de formation pour les prêtres, Pie XI se demande « comment il se fait que, malheureusement, l'Italie ait eu besoin d'aller imiter l'Allemagne », et il affirme qu'« il n'y a qu'une seule race humaine », soulignant combien le racisme est étranger à la tradition italienne. Ce dernier discours, Ciano, ministre des Affaires étrangères et gendre de Mussolini, le qualifiera d'ailleurs le 30 juillet, dans son journal, de « violemment antiraciste ».

Mussolini, informé, donne consigne à la presse de l'ignorer. Et il fait envoyer aux préfets une circulaire pour qu'ils empêchent sa publication dans les revues paroissiales. C'est le nonce Borgongini-Duca qui ramènera un peu de sérénité. Après une conversation dans laquelle Ciano lui fait part de l'irritation du Duce à l'annonce des déclarations publiques de Pie XI, Ciano, toujours à la date du 30 juillet, peut écrire : « Le nonce [...] s'est montré personnellement très antisémite. »

Le lendemain, tous les quotidiens relèvent la réponse de Mussolini, prononcée à l'occasion de la visite d'un camp de cadres avant-gardistes* :

* Organisation de la jeunesse fasciste pour les garçons de quatorze à dix-huit ans.

« Vous devez savoir, et chacun doit savoir, que sur la question de la race également nous continuerons notre chemin. Dire que le fascisme a imité quelqu'un ou quelque chose est simplement absurde. »

Ce qui semble aujourd'hui plus difficile à comprendre, c'est que l'*Osservatore Romano* se soit arrangé pour ne pas citer in extenso le discours de Pie XI aux élèves du Collège de la Propagande. Supervision effectuée par le secrétariat d'État, dont le cardinal Pacelli est titulaire ? Ou « panne » soudaine de Pie XI lui-même ?

Cette dernière hypothèse semble la moins probable. Le 6 septembre, en effet, s'adressant à un groupe de pèlerins conduits par Mgr Picard de la Radio catholique belge, Pie XI réitère d'une manière plus catégorique encore sa condamnation du « nationalisme séparatiste » et du « racisme ». Dans un compte-rendu de cette rencontre, publié par Mgr Picard dans *La Croix, La Documentation catholique* et dans *La Libre Belgique*, le discours du pape est rapporté intégralement, à la demande expresse de celui-ci. C'est en feuilletant le missel offert par les pèlerins que le pape évoque la prière du canon de la messe : « *Sacrificium Patriarchæ nostri Abrahamae.* Remarquez qu'Abraham est appelé notre patriarche, notre ancêtre. L'antisémitisme n'est pas compatible avec la pensée et la réalisation sublime qui sont exprimées dans ce texte. C'est un mouvement antipathique, un mouvement auquel nous, chrétiens, ne devons avoir aucune part. » À ce moment, raconte Mgr Picard, le pape ne parvenait plus à contenir son émotion et, d'une voix altérée, il a cité les phrases de saint Paul montrant que nous descendons spirituellement d'Abraham : « Non, a-t-il conclu, il n'est pas possible aux chrétiens de participer à l'antisémitisme… Nous sommes spirituellement des Sémites. »

L'*Osservatore Romano* relate différemment cette rencontre, en la répartissant sur deux jours, et en disant que le pape se vit offrir une radio et non un missel. Les pèlerins reçus ce jour-là auraient été ceux de l'Action catholique, auxquels le pape aurait recommandé qu'on ne pose surtout pas la question en termes de racisme et de non-racisme. La délégation de la Radio catholique belge n'aurait été reçue que le lendemain. Et si le journal du Vatican rapporte bien le discours du pape, il en omet certaines phrases, dont celles citées plus haut.

Le 18 septembre, Mussolini est à Trieste pour une tournée commémorant la victoire. Dans le port sont ancrés les navires de guerre et la mer brille entre les rives très vertes du golfe, la foule en fête déborde de la grande place dans les rues latérales. Un Duce galvanisé par les succès des Chemises noires en Espagne affronte de plein fouet l'argument qui semble lui tenir le plus à cœur. « Pour ce qui est de la politique intérieure, le problème dont l'actualité est la plus brûlante est le problème racial — déclame-t-il en détachant les syllabes une à une — ... car l'Histoire nous enseigne que les empires se conquièrent par les armes mais se conservent par le prestige, et pour le prestige il faut une claire, une sévère conscience de la race, qui marque non seulement des différences mais aussi des supériorités très nettes... Toutefois, les Juifs de nationalité italienne dont les mérites militaires ou civils à l'égard de l'Italie ou du régime seraient indiscutables rencontreront compréhension et justice. Quant aux autres, une politique de séparation sera poursuivie, et le monde à la fin s'étonnera plus de notre générosité que de notre rigueur. À moins que — et le ton se fait alors menaçant — à moins que — répète-t-il — les Sémites de par-delà les frontières, et ceux de l'intérieur, et surtout leurs amis soudains et inattendus, qui les défendent du haut de beaucoup trop de chaires — la voix a un instant de suspension, l'allusion à Pie XI ne pourrait être plus explicite, tandis que la foule explose en une ovation approbatrice — ne nous forcent à changer radicalement de chemin... »

Un mois plus tard à peine, lors de la séance du Grand Conseil où les lois raciales seront approuvées à une grande majorité, il sera encore plus péremptoire : « Je déclare que ce pape est néfaste pour le sort de l'Église catholique. »

C'est l'automne romain, les derniers jours d'octobre se diluent dans une lumière de feuilles rougeâtres et de brusques averses. Les lois raciales vont bientôt entrer en vigueur, un accord de la dernière heure entre Mussolini et le Saint-Siège autorise les institutions religieuses à accueillir des élèves de race juive pratiquant la religion catholique. Mais sur la question des mariages mixtes, c'est toujours la guerre ; et le 4 novembre, Pie XI écrit une lettre au roi, dans laquelle il déclare que les nouvelles dispositions concernant le mariage sont une violation du Concordat. Le 5, il écrit également à Mussolini sur le même sujet. Le roi se contente de répondre qu'il a transmis la lettre au Duce, sans autres commentaires. Mussolini ne répond pas et fait même savoir qu'« à son avis le Vatican tire trop sur la corde ». Le 6, Ciano note dans son journal : « Bourrasque en vue avec l'Église. » Les lois raciales ayant été approuvées le 10 novembre par le Conseil des ministres, le Saint-Siège, par l'intermédiaire du nonce Borgongini-Duca, présente le 13 novembre à l'ambassade d'Italie une note officielle de protestation contre la violation de l'article 34 du Concordat. Le 15 novembre, Ciano note dans son journal : « Protestation, à vrai dire très légère, envoyée par le Saint-Siège… »

Beaucoup de membres du Sacré Collège ne partagent pas, en effet, la position du pape, et la question des mariages mixtes est passée au second plan grâce au travail de conciliation de la diplomatie vaticane, et avec des concessions plus ou moins voilées de chacune des deux parties ; mais en fait, surtout de l'Église.

La perspective d'un conflit ouvert avec Pie XI

étant exorcisée pour le moment, les nouvelles lois peuvent entrer immédiatement en vigueur. Que sont d'ailleurs 48 032 individus, « personnes », comme les désigneront désormais les documents officiels, ou « *giudei* * », selon le terme non officiel mais courant ? À l'automne 1938, les Juifs résidant en Italie sont au nombre de 58 412, mais 48 032 seulement sont italiens, 10 380 étant des étrangers : c'est en tout cas ce qui résulte du recensement effectué par la *Demorazza* (et ces listes dans les préfectures, constamment mises à jour, seront très utiles aux SS de Theodor Dannecker chargés, à partir du 8 septembre 1943, de trouver les Juifs et de les déporter). Sur une population de quarante-quatre millions, cela représente environ un pour mille. Et si l'on ne prend en compte que les 37 241 inscrits dans une communauté hébraïque, le pourcentage diminue encore. Une minorité minuscule, qui s'est parfaitement intégrée dans les grandes villes comme dans les petites, la plupart d'entre eux au centre et au nord ; et qui, libérée des contraintes qui limitaient ses activités avant l'Unité italienne, s'est affirmée pour l'essentiel dans le commerce et les professions libérales. Il n'y a pas de communautés agricoles juives, mais il

* Là où en français deux mots sont et ont été utilisés (*juif* et *israélite*), chargés l'un et l'autre de toutes les connotations positives et négatives d'avant-guerre, puis d'après-guerre, l'italien en possède trois : *ebreo*, correspondant à *juif*, avec toutes les variantes de ses connotations ; *israelita*, identique dans son usage à *israélite* ; et *giudeo*, terme plus populaire, aujourd'hui banni et non revendiqué par les Juifs, à l'inverse du mot *ebreo*.

n'y a pas non plus de forte présence juive dans la haute finance. À Rome, les premières installations de Juifs sont bien antérieures à l'époque chrétienne, et dans le ghetto compris entre le Lungotevere * et le Portique d'Octavie, où jusqu'en 1848 les grilles étaient fermées chaque soir, habitent en majorité des familles qui subsistent tant bien que mal grâce au commerce de détail. Hormis quelques magasins étroits et poussiéreux comme des labyrinthes, ce sont surtout de petites boutiques, qui se sont fait une clientèle grâce à la qualité de leurs produits et à leurs prix intéressants.

Et puis, qu'ils soient intellectuels ou commerçants, professions libérales ou chefs d'entreprise, qu'ils vivent à Rome ou disséminés dans la péninsule, presque tous ont tenu à prouver leur patriotisme en combattant valeureusement pendant la Première Guerre mondiale, ou se sont fait apprécier comme fonctionnaires, dans l'administration publique. Ils ont pris une part active à la vie politique ; bon nombre d'entre eux ont même adhéré au fascisme. Ils n'ont jamais fait de prosélytisme, leur religion ne le demande pas ; et, détail assez insolite, bien peu connaissent encore l'hébreu, hormis celui des lectures religieuses, et ils ne parlent pas le yiddish mais les dialectes locaux. Leurs cérémonies, dont les rituels se transmettent de siècle en siècle, sont extrêmement discrètes, pour ne pas attirer l'attention ni alarmer une Église à l'œil toujours vigilant et soupçonneux envers ceux qui « s'obstinent à ne pas se convertir ». Une

* Avenue qui longe le Tibre.

Église apostolique et romaine qui, après le Concordat de 1929, se sent redevenue forte et qui, durant la lecture de la Passion pendant la Semaine sainte, sous les nefs obscurcies de draps violets, clame encore bien haut que le peuple juif tout entier a demandé la crucifixion du Rédempteur.

Les décrets-lois royaux sur la race sont approuvés par le Grand Conseil fasciste dans la nuit du 6 au 7 octobre 1938, et ratifiés par le Conseil des ministres le 10 novembre. Publiés le 19 ; applicables immédiatement. La réunion du 6 octobre a duré de dix heures du soir à trois heures du matin, et tous les participants ont fini par trouver un accord, à l'exception de De Bono, Federzoni et Balbo. Italo Balbo, surtout, s'y est opposé, avec la véhémence qui le caractérise, et la discussion a été très animée (Balbo mourra en 1940, dans les premiers jours de la guerre, lors d'un vol de reconnaissance, lui qui avait été un des premiers à faire la traversée aérienne de l'Atlantique ; et sa mort restera à jamais un mystère).

Le premier de ces décrets-lois définit les critères d'« appartenance à la race aryenne » et les mesures qui seront adoptées à l'égard des « non-Aryens » (autrement dit les Juifs). Il y est également stipulé que l'appartenance à la « race juive » doit être déclarée afin d'être inscrite sur les registres de l'état-civil.

Seront ensuite répertoriées comme « appartenant à la race juive » certaines catégories qui, en raison de mérites exceptionnels, pourront être cependant exemptées de l'application des dites lois : « Familles de soldats morts au front. De volontaires de guerre. De décorés de la croix de guerre. De morts pour la cause fasciste. De fascistes des années 1919-1922 et du second semestre 1924. De légionnaires de Fiume *. »

D'après les données provisoires du recensement secret, les familles susceptibles d'être exemptées sont au nombre de 3 502 (il y aura en fait 8 171 demandes, dont 5 870 analysées jusqu'en 1943 et 2 486 satisfaites, pour un total de 6 994 personnes, avec une progression vers plus de rigidité).

La liste des interdictions faites aux « personnes déclarées de race juive » est longue. Une première série concerne l'école et plus généralement la culture. Il leur est « interdit d'enseigner dans les écoles de tous ordres ou degrés du royaume fréquentées par des élèves italiens. Il est interdit d'être membre des académies, instituts et associations de sciences, lettres et arts. Il est interdit de s'inscrire ou de fréquenter les écoles de tous ordres ou degrés fréquentées par des élèves italiens » ; à titre temporaire, il est accordé aux étudiants juifs déjà inscrits à l'université d'aller jusqu'à leur diplôme de fin d'études, à condition qu'ils aient passé leurs examens dans le temps prescrit.

Une seconde série d'interdictions a trait à la

* Ceux qui avaient pris part à la prise de la ville de Fiume, en septembre 1919, avec Gabriele D'Annunzio.

« pureté » du parti : « Il est interdit d'être inscrit au Parti national fasciste. » L'armée vient en quatrième position : « Il est interdit d'effectuer le service militaire en temps de paix et en temps de guerre. » Puis la propriété : « Il est interdit d'être propriétaire ou gérant d'entreprises intéressant la défense de la nation ou d'entreprises de plus de cent ouvriers. Il est interdit d'être propriétaire de terrains d'une valeur supérieure à cinq mille lires et de constructions urbaines d'une valeur totale dépassant les vingt mille lires. Enfin, il est interdit d'avoir à son service des domestiques de race aryenne. »

Le dernier décret royal, daté du 17 novembre, perfectionne l'ouvrage. L'interdiction concerne cette fois quarante-quatre millions de personnes, soit tous les autres habitants de la péninsule : « Il est interdit au citoyen italien de race aryenne de se marier avec une personne appartenant à une autre race, sous peine d'annulation. De tels mariages sont désormais considérés comme nuls. » Ce sera là le principal motif de désaccord avec le Vatican.

Le dernier décret est une sorte de *summa* des précédents, puisqu'il exclut en effet les Juifs de toutes les administrations civiles et militaires de l'État, des banques nationales et des firmes d'assurances privées.

Est également interdite dans les écoles l'utilisation de textes d'auteurs juifs ; l'interdiction s'étend aux livres résultant de la collaboration de plusieurs auteurs si l'un d'entre eux est juif.

Une série de mesures apportera ensuite la

touche finale, interdisant aux Juifs de fréquenter les lieux de villégiature, de descendre dans les hôtels, d'insérer des annonces publicitaires ou des avis de décès dans les journaux, de posséder des appareils radio de plus de cinq watts, de publier des livres, de collaborer à la presse sous des pseudonymes, de donner des conférences et d'avoir leur nom dans l'annuaire du téléphone.

Dans les faits, 48 032 Italiens de religion ou de famille juive qui étaient encore, en octobre, des citoyens de plein droit, se retrouvent au mois de novembre changés en « personnes de race juive » et, comme telles, non seulement fichées mais privées de ce « statut » qui est garanti à tous leurs compatriotes ; et, pour finir, dépouillés d'une grande partie de leurs biens. Pour beaucoup, la majorité, cela voudra dire également la perte de leur travail ; et pour tous, celle du droit aux études.

Isolées du reste de la population, ces 48 000 « personnes », du jour au lendemain, se retrouvent soumises au bon vouloir de leurs ex-concitoyens, lesquels, bien souvent, céderont à la tentation d'en profiter. En l'espace d'un mois, sans avoir commis aucune faute, ces gens sont devenus une monnaie d'échange avec le glorieux allié allemand, pilier central de l'axe Rome-Berlin.

Tous sont également invités à quitter l'Italie. Dans ce but est élaboré un décret permettant aux Juifs d'emporter avec eux, la première année, les huit dixièmes de leurs biens ; mais s'ils ne se sont pas décidés à partir au bout de cinq ans, ils n'auront plus le droit d'emporter que les trois dixièmes. Et s'ils s'entêtent à rester, ils devront payer une taxe supplémentaire de dix pour cent la première année, et de cent pour cent la cinquième. Et au bout de ces cinq ans ce sera l'expulsion, la confiscation des biens, et l'exil dans des colonies de travail...

Ces mesures ne seront cependant jamais appliquées, pour des raisons économiques, car en un moment aussi crucial que cette année 1939 il serait trop onéreux de renoncer ne serait-ce qu'à une infime partie du patrimoine national. Et puis, comment s'expatrier quand on n'a plus de passeport ? Il sera restitué aux plus jeunes pour un bref laps de temps ; et ceux qui ont suffisamment d'esprit d'initiative et de courage, et qui sont prêts à tout recommencer à zéro, sans un sou en poche, ceux-là partiront. De même tous ceux qui, plus prévoyants, ont déjà transféré à l'étranger une partie de leurs biens. Par la suite, une fois la guerre déclarée, l'expatriation deviendra quasiment impossible, les pays étrangers se montrant peu, voire pas du tout, disposés à accueillir des réfugiés sans moyens de subsistance, et les mesures policières seront de plus en plus restrictives.

Conséquence immédiate des décrets raciaux, la famille Treves, de Milan, propriétaire d'une maison d'édition fondée en 1861, qui a publié Verga, D'Annunzio, Pirandello, et qui est l'éditeur de *L'Illustrazione Italiana*, l'hebdomadaire alors le plus largement diffusé dans les familles, est contrainte de brader son entreprise. C'est Aldo Garzanti qui la rachète, un industriel qui possède alors l'exclusivité de la distribution en Italie des produits chimiques de la firme Dupont-de-Nemours.

Le même destin touche le grand éditeur de Florence Bemporad, qui s'est particulièrement illustré dans le domaine scolaire avec un catalogue où les œuvres de Dante côtoient celles des principaux auteurs du XXe siècle. Son acquéreur est Marzocco. Le cas le plus dramatique est celui de Formìggini, prestigieux éditeur de Modène. Il appartient à une famille juive établie en Italie depuis plus de trois cents ans, si dynamique dans les affaires et la culture qu'elle avait été autrefois dispensée par les papes des restrictions imposées aux Israélites en terre pontificale. Angelo Fortunato Formìggini a également fondé en 1918 l'Institut Leonardo, pour aider à la diffusion de la culture italienne, et il a été le premier à avoir l'idée, en 1928, du *Chi è?* italien, frère jumeau du *Who's who?* américain. À Rome, dans le palais Doria, il a ouvert une bibliothèque de 30 000 volumes.

Le 29 novembre, après une tentative inutile pour échapper à une législation qui le prive du jour au lendemain de tout ce qu'il a créé avec passion, et pour « montrer l'absurdité cruelle des mesures racistes », il se suicide en se jetant du haut de la tour Ghirlandina, à Modène.

L'année suivante, le 29 juin, un nouveau décret interdira aux Juifs d'exercer les professions de notaire et de journaliste. Quant aux médecins, pharmaciens, vétérinaires, obstétriciens, avocats, procureurs, géomètres, agronomes et diplômés des grandes écoles, tous sont rayés des registres respectifs de leur ordre, exclus des organisations syndicales professionnelles et ne peuvent plus exercer « pour les Aryens ». Ils ne pratiqueront désormais leurs métiers qu'entre eux. D'ailleurs, toute forme d'association ou de collaboration entre Aryens et Sémites est interdite.

Alors qu'en Italie les Juifs perdent à la fois leur droit au travail et le droit d'étudier, de petits commandos parfaitement organisés prennent prétexte en Allemagne de l'assassinat à Paris du conseiller d'ambassade von Rath, « exécuté par une main israélite », pour saccager, dans la nuit du 9 au 10 novembre, les magasins des Juifs et mettre le feu aux synagogues. Des femmes sont violées. Cette nuit-là, à cause du fracas des vitrines brisées, sera appelée *Kristallnacht*, la « Nuit de cristal » ; et le lendemain, on oblige les Juifs à nettoyer les rues des restes du saccage et des éclats de verre. 267 synagogues ont été dévastées et livrées aux flammes. 7 400 magasins sont saccagés ou détruits, il y a une centaine de morts et de nombreux blessés. 30 000 Juifs environ sont arrêtés, et 11 000 sont envoyés à Dachau, 10 000 à Büchenwald. En Autriche, ce n'est guère mieux puisque 42 synagogues ont été détruites et 27 Juifs tués, tandis que 6 500 seront déportés à Dachau. La communauté israélite du Reich doit payer une amende d'un milliard de marks. Il est interdit dès ce moment à tous les Juifs de fréquenter les hôtels, les lieux publics et les cinémas, et certains quartiers des villes.

Mais en Europe et aux États-Unis, malgré l'effroi suscité par cette violence, la politique d'immigration à l'égard des Juifs reste inchangée. L'Église allemande n'émet aucune protestation officielle. La seule voix d'importance qui s'élève en faveur des persécutés est celle du doyen de la cathédrale Sainte-Hedwige à Berlin, Bernard Lichtenberg (un prêtre courageux, que nous retrouverons). Le soir du 10 novembre, invitant en chaire ses paroissiens à prier pour les Juifs, il lance cet avertissement : « Ce qui s'est passé hier, nous le savons ; ce qui se passera demain, nous ne le savons pas. Mais ce qui se passe aujourd'hui, nous en sommes les témoins : tout près de nous, la synagogue est en flammes, et c'est aussi une Maison de Dieu. »

En Angleterre, l'archevêque de Westminster demande au pape son accord formel pour la tenue à Londres d'une réunion destinée à réclamer aide et assistance pour tous ceux qui sont persécutés au motif de leur race ou de leur religion, et il invite le pape à se joindre à une déclaration publique affirmant qu'il n'y a dans le Christ nulle discrimination entre les races et que la grande famille humaine doit rester unie. Lorsque cette requête arrive, Pacelli, alors secrétaire d'État, note : « Si la chose avait un caractère essentiellement privé, ce serait plus facile ; d'autre part, il faut éviter de donner l'impression qu'on a peur de ce qui n'est pas à craindre. » En tout cas, la réponse concoctée pour décliner l'invitation est un petit chef-d'œuvre de diplomatie : « Le Saint-Père a pour le moment tant de préoccupations, non seulement en raison de sa santé mais aussi de tous les problèmes dont il doit assumer la charge, que, ne pouvant s'occuper personnellement du message demandé, il charge Son Éminence de se croire certain d'interpréter Son Auguste pensée en affirmant que le Pontife de Rome considère d'un œil humain et chrétien toutes les œuvres de charité et d'assistance au profit de ceux qui sont injustement plongés dans l'affliction et la souffrance. »

Deux mois plus tard à peine, le père Agostino Gemelli, recteur de l'université catholique de Milan et directeur de la revue *Vita e pensiero*, est invité par l'université de Bologne pour y célébrer la figure de Guillaume de Salicète. On est le 9 janvier 1939, et devant une assemblée d'étudiants et de professeurs qui l'écoute avec attention, il exprime sa pensée à propos des Juifs : « Tragique, sans aucun doute, et douloureuse, est la situation de ceux qui ne peuvent, ni par leur sang ni par leur religion, appartenir à cette magnifique patrie ; tragique situation dans laquelle, une fois de plus, comme beaucoup d'autres fois à travers les siècles, nous voyons se réaliser cette sentence terrible que le peuple déicide a appelée sur lui, et à cause de laquelle il erre de par le monde, incapable de trouver la paix d'une patrie, cependant que les conséquences de son terrible crime le poursuivent toujours et partout. »

Le 19 janvier 1939, le cardinal Piazza sent le devoir d'intervenir à son tour dans l'*Osservatore Romano* en s'étendant sur le déicide, et sur l'Église qui a dû, « comme ses fidèles, se défendre des contacts dangereux et de l'invasion des Juifs, qui semble bien être, en vérité, la note héréditaire de ce peuple ».

Dans mes journées, rien n'a changé : les meubles bleus de ma chambre, le tableau avec les enfants qui patinent, le lustre de bois en forme de manège n'ont pas un grain de poussière de plus. Et si le professeur Luzzatti s'est vu interdire de poser son oreille hirsute contre mon dos brûlant de fièvre, c'est maintenant l'oreille un peu grasse, douce et tiède du professeur Vannuttelli qui écoute mes bronches et décide s'il me faut des cataplasmes à la graine de lin. Italia passe la paille de fer pour que le parquet brille, et quand je monte dessus elle me fait glisser d'un bout à l'autre de la pièce. Puis elle dit : Ça suffit, descends maintenant, ça me fatigue trop. L'après-midi où Annemarie est de sortie, c'est elle qui m'emmène jouer dans les petits jardins du Lungotevere en face du ministère de la Marine. Elle enfile son manteau par-dessus son tablier et quand elle se penche pour nouer mon écharpe je sens l'odeur de poulet de sa peau. J'aime ça. Letizia, la cuisinière, en revanche, n'a rien que j'aime, il lui manque des dents sur le devant et ses pieds ont des ongles tordus et verdâtres, papa dit qu'elle est sale mais que c'est une grande travailleuse et qu'elle a même réussi à faire treize tartes en une après-midi. Le garçon qui livre la glace vient chaque matin avec un bloc enveloppé dans un sac de jute, et il le casse devant Letizia qui le range ensuite dans la glacière en bois garnie de zinc. Rien ne nous est demandé, rien ne nous est dit, à propos de ces lois qui vont bientôt représenter pour près de cinquante mille Juifs le début de la catastrophe. Même pas le dimanche soir, quand l'oncle Nino vient dîner et que nous avons le droit de rester à table avec les grands. L'oncle Nino est magistrat et Italia l'appelle Excellence. C'est mon parrain, il m'a tenue sur les fonds baptismaux à Saint-Pierre, lui et madame Basile. Mais il n'aime que les femmes jolies et gaies, comme maman.

J'ignore ce qui se passe dans l'appartement d'en face où j'aperçois parfois le nouveau-né devenu une petite boule grassouillette, qui passe la tête entre les colonnes de la balustrade sur le balcon. Et maintenant que je vais à l'école élémentaire, Annemarie ne m'emmène plus le matin à Valle Giulia, si bien que je ne sais rien de la petite fille à l'étoile d'or. Si elle a toujours des culottes Petit-Bateau et si elle s'amuse toujours avec cette jolie petite pelle colorée.

Rien, pendant cet hiver de 1939, ne vient troubler l'ordre de la via Flaminia, où l'épicier s'appelle Garibaldi et le boulanger Cantiani ; rien non plus pendant l'hiver et le printemps qui suivent, quand je me penche au balcon pour voir le tram tourner à l'angle de la rue en direction du stade, avec les Petites Italiennes ravies, toutes blanches et noires, qui regardent derrière les vitres. Je les envie, ces « petites hirondelles », comme les appelle ma maîtresse d'une voix emphatique. Il faudra que des événements terribles se passent pour que je revienne visiter cette époque-là, et que je regarde vers le fond du puits dans lequel madame Della Seta, la famille Levi et ce petit enfant que je vois trottiner d'une fenêtre à l'autre sont en train de glisser sans le moindre bruit. Je ne me suis même pas aperçue d'ailleurs que Giorgio Levi a cessé de sonner à la porte pour demander à mon frère de venir jouer au ballon ; en revanche, l'après-midi, j'entends les exercices interminables qu'il joue au piano. Son père, qui était fonctionnaire, haut responsable à la centrale électrique, a perdu son poste et se débrouille en traduisant de l'anglais des textes techniques. De temps en temps, un ami lui confie pour le vendre un tableau du XIXe siècle napolitain, dont il est considéré comme un expert ; et je monte dans l'ascenseur avec lui. C'est un homme grand et maigre, au bout de son bras pend le tableau enveloppé dans du papier et noué avec une ficelle, il a un chapeau sur la tête et je ne vois pas s'il est chauve pour de vrai, comme dit Italia. Italia dit aussi que ses cheveux, il les a tous perdus à cause du casque et de la transpiration pendant la guerre de Libye.

Jusqu'à ce hurlement dans le hall d'entrée : l'ascenseur est l'objet du litige. La concierge, Elsa, vient de jaillir par la petite porte sous l'escalier, elle hurle. Son mari, Domenico, n'est pas là, la loge est vide. Elle a des yeux d'un bleu sombre, Elsa, limpides et féroces, et elle essuie ses mains encore mouillées de lessive sur son tablier. Je ne l'ai jamais entendue crier comme ça, sa voix est aiguë, agressive. Giorgio Levi vient d'entrer, tenant sa bicyclette, et il attend l'ascenseur, immobile sur le palier du rez-de-chaussée. Elle lui hurle qu'il ne doit pas mettre sa bicyclette dans l'ascenseur ni dans la loge ni nulle part, et que de toute façon l'ascenseur il ferait bien de ne plus le prendre, d'abord parce qu'il n'a pas le droit, et ensuite parce qu'il le salit toujours en mettant de la boue. Sans rien dire, le garçon soulève alors sa bicyclette et commence à monter péniblement l'escalier : je vois ses cheveux frisés, ses culottes de golf. Elsa le suit du regard jusqu'à ce qu'il disparaisse, et alors seulement, rassurée, redescend dans l'obscurité de l'antre où elle vit, avec ses fenêtres au ras du trottoir. Elle est peut-être concierge mais elle est Aryenne, et lui ce n'est qu'un misérable Juif.

Italia et moi sommes restées clouées sur le palier du rez-de-chaussée, et dès que l'ascenseur arrive je me glisse à l'intérieur. J'attends avec impatience qu'Italia referme la porte et appuie sur le bouton de notre étage : le deuxième. Et quand elle déboutonne mon manteau, son visage tout près du mien, jamais son odeur de poulet ne m'a parue plus réconfortante, ni plus rassurante la vision de sa peau pâle et poreuse. Un baume, le grincement plaintif de l'ascenseur, qui éloigne la peur, la plaque sur les épaules du « fils Levi », et dans le bruit sourd de la porte de l'appartement qui se referme sur lui, la tient emprisonnée à l'intérieur, avec la bicyclette, montée jusque là-haut marche après marche.

Le soir à la maison quand nous racontons ce qui s'est passé, papa est indigné. Il affirme sans ménagements sa réprobation à l'égard d'Elsa, et plaint les Levi, « de très braves gens, même s'ils sont Juifs... », obligés de supporter ses abus de pouvoir. Elsa ne m'apparaît plus comme la gardienne zélée de notre sécurité mais comme une délatrice, qui espionne et surveille depuis son antre tous les gestes, toutes les paroles. L'indignation de papa s'étend ensuite aux locataires ultra-fascistes du dernier étage, ce jeune homme toujours en chemise noire, sûrement un informateur de l'Ovra, la police politique. Et elle va même jusqu'à inclure, à mon grand scandale, le roi en personne, appelé « goujat sans scrupules ».

Mais pendant la nuit un doute vient me tordre les boyaux : si les nouveau-nés sont posés dans un panier devant la porte, qui peut m'assurer qu'on m'a mise devant la bonne porte et que je n'étais pas au contraire destinée à celle d'après, à la porte des Della Seta ? Les Della Seta qui sont Juifs bien qu'étant « de très braves gens » ? Comment fait-on pour être sûr, vraiment sûr que c'était bien ça, que je n'ai pas été posée par erreur devant la porte avec la plaque de cuivre un peu bombée qu'Italia fait briller tous les samedis après-midi et sur laquelle resplendit le nom de papa ?

La sœur converse arrache les mauvaises herbes autour des plants de fraisiers et pleure, les feuilles de passiflore tremblent dans le froid. Pie XI est mort et nous regardons du côté de Saint-Pierre, la tramontane soulève le voile de mère Gregoria et découvre sur sa nuque de courts cheveux noirs, elle a des yeux ronds et effrayés. Le pape s'en est allé à l'aube, sans un cri, sans un message, comme englouti par les eaux; et les sœurs, égarées, attendent en vain un signe du ciel. Elles prient, agenouillées sur les bancs de bois clair dans la chapelle, les cœurs rouges transpercés brodés sur leur poitrine, et leurs coiffes amidonnées recueillent tels des ostensoirs les visages et les larmes. De longs nuages menaçants s'effilochent dans le ciel : sur ces nuages c'est la mort qui voyage, et même la Vierge céleste de Lourdes, enfermée dans son cercle tremblotant de cierges, ne peut pas l'arrêter. Nous devons prier nous aussi; et quand le crépuscule descend, en attendant de rentrer chez nous, nous nous tenons silencieuses devant la grande baie vitrée du côté de la vallée, regardant le petit train de la ligne Rome-Nord couper les champs de friches au milieu desquels l'Aniene tourne et retourne, gris d'argent entre ses rives pâles de roseaux.

Mais les *Salve Regina* et les *Ave Maria*, les versets gémissants des psaumes, ne peuvent pas ramener à la vie Pie XI, qui a les mains jointes sur sa cape de pourpre ornée d'hermine et un visage de marbre, les pieds en éventail chaussés de satin blanc qui bougent un peu quand on le dépose sur le catafalque. Dans le vent qui entraîne les nuages de l'autre côté du Soratte, d'étranges voix parcourent le ciel comme un frisson, des paroles tout juste chuchotées avec une sainte frayeur, un léger hochement de la tête, comme un reproche à l'Ange de la mort jailli tel la foudre, un jour à peine avant la conférence prévue pour tous les évêques à l'approche du dixième anniversaire des accords du Latran. Les larmes glissent le long des joues, mouillent le mouchoir de mère Cecilia, « une cardiopathie », dit-elle, avec ses « r » ronds et liquides de Française, « une cardiopathie »... et ce mot résonne comme hérissé de pointes et d'interrogations tandis que sa main désigne la poitrine où se niche le mal, ce cœur transpercé qui flamboie, rouge dans la tache de la broderie.

Bien des hypothèses seront faites pendant longtemps sur ce discours de Pie XI, jamais prononcé. La seule certitude est celle de la présence de quelques feuillets sur sa table pendant la nuit du 10 février, feuillets qui le lendemain matin avaient disparu. Et qui réapparaîtront en 1959, quand Jean XXIII, qui vient d'être élu pape, rendra publiques ces quelques notes. Car ce ne sont que des notes. Écrites d'une main qui cède à l'épuisement, les dernières paroles de Pie XI deviennent indéchiffrables, comme un sentier qui se perd dans la forêt. Ce discours devait très certainement avoir une grande importance : pour la première fois, depuis qu'en 1922 il était devenu pape, Pie XI avait convoqué tous les évêques. Il est difficile aujourd'hui d'imaginer quelles paroles il aurait choisies pour dénoncer l'infâmie qui, en même temps que les innocents, assassinait tout sentiment de pitié chrétienne. Les quelques notes réapparues vingt et un ans plus tard semblent porter essentiellement sur les séminaires et la formation des prêtres ; seul le dernier paragraphe aborde, sur un ton qui s'emporte, le thème le plus brûlant : « … une presse qui peut tout dire contre Nous et contre Nos œuvres, y compris en évoquant, et en interprétant dans un sens faux et pervers l'histoire proche et lointaine de l'Église, jusqu'à nier obstinément l'existence des persécutions en Allemagne, déni qui s'accompagne d'une accusation de politique, calomnieuse et fausse, comme la persécution de Néron s'accompagnait de l'accusation de l'incendie de Rome… » ; puis l'écriture devient incompréhensible, les syllabes se chevauchent, la main ne parvient plus à tenir la plume.

Les dernières paroles de Pie XI qui soient arrivées jusqu'à nous pendant cet hiver de 1939 sont celles prononcées dans son discours aux cardinaux la veille de Noël, quand il avait parlé de la *svastika* comme d'« une croix ennemie de la croix du Christ ».

Le lendemain matin, c'était Noël. Agenouillés autour de la radio, maman, papa, Letizia, Italia, Annemarie, et nous les enfants, nous l'avions écouté en silence donner sa bénédiction *urbi et orbi.* Une voix encore ferme malgré l'âge, très proche et très claire, les syllabes martelées comme si le rituel de la formule latine contenait la prédiction de la Sibylle. Dans laquelle la vie est possible et en même temps la mort.

Un pape qui ne se laisse pas intimider ; un homme véritable, un os difficile à ronger, en ce mois de février 1939, pour tous ceux qui ont décidé de courir aux côtés de l'assassin au long manteau et à la voix remplie de haine.

Parmi les noms des médecins attachés à sa santé, retrouver ce matin-là du 10 février 1939 celui du professeur Francesco Petacci, père de la fameuse Claretta qui occupe une telle place dans le cœur de notre Duce, fait une étrange impression. Elle est bien connue, cette famille Petacci, depuis quelque temps, et elle peut se permettre, grâce à la faveur dont elle jouit, d'habiter sur les pentes du Monte Mario, dans la banlieue verte de Rome, une villa hollywoodienne où Mussolini est chez lui. Mais cela ne veut encore rien dire. Pie XI avait quatre-vingt-deux ans, un âge vénérable, et le jour choisi par lui pour s'adresser aux évêques était également l'anniversaire de son couronnement, qui avait eu lieu dix-sept ans plus tôt. Et quand, la veille, à quatre heures du matin, dans l'obscurité encore de la nuit, la radio du Vatican avait soudain alarmé le monde en annonçant que le pape avait eu un malaise, personne ne s'était vraiment étonné. En réalité, Pie XI était déjà mort ; mais c'est à cinq heures et quart seulement, quand l'aube livide commençait à redessiner les contours d'une ville encore plongée dans le sommeil, qu'une voix sans intonation, grave, lente, adaptée à la solennité de l'événement, avait annoncé la nouvelle : Pie XI n'est plus de ce monde. Tout s'est accompli. Avec les premiers trams qui sortent en ferraillant du dépôt, les garçons laitiers qui chargent les paniers de bouteilles de lait, rompant avec fracas la trêve du sommeil : 10 février 1939.

Et Mussolini qui, le 14 décembre, au plus fort de la tension avec Pie XI, avait exprimé son impatience à Ciano (lequel s'était empressé de noter dans son journal : « Je fais part au Duce de l'entretien avec Pignatti [ambassadeur auprès du Vatican]. Il a un geste de colère à l'égard du pape, dont il souhaite la mort à brève échéance »), en apprenant qu'il avait été rapidement exaucé, se laisse aller à exprimer sa satisfaction : « Le voilà mort enfin, cet homme à la nuque si raide ! »

Mais très vite, quelques jours seulement ont passé, les bonnes sœurs sont toutes joyeuses, leurs habits blancs volettent comme des colombes, à cause de ce mince filet de fumée qui voile le ciel au-dessus de Saint-Pierre. *Habemus papam*, *habemus papam*, elles exultent, et mère Cecilia, radieuse, serre ses mains en forme de poing, ses joues sont deux pommes qui luisent de bonheur. Même la supérieure sort de son tabernacle dans la tourelle, elle est très vieille et s'avance sur le gravier du jardin pour prendre dans ses bras tantôt mère Cecilia, tantôt mère Enrichetta, puis mère Gregoria, et ses petits doigts ridés se posent comme des insectes sur le blanc des vêtements.

Celui qui a été élu sous le nom de Pie XII, après un seul jour de conclave, est le cardinal secrétaire d'État Eugenio Pacelli, romain, d'une famille noble d'origine viterboise et très liée à la curie. Son cousin Ernesto Pacelli a longtemps occupé la fonction d'administrateur délégué du « Banco di Roma », établissement qui gère les finances du Vatican. Le nouveau pape a été nonce en Allemagne de 1917 à 1929, jusqu'en 1920 en Bavière et ensuite à Berlin. Et en Bavière, justement, il était là au moment des combats entre les bolcheviks et les troupes du gouvernement républicain, quand certains spartakistes se sont réfugiés de force à l'intérieur de la nonciature et, devant les protestations du nonce, l'ont menacé, dit-on, avec un pistolet.

Un événement auquel le secrétaire d'État fera rarement allusion, si indélébile cependant en lui qu'en 1937 il restera totalement sourd à l'appel de trois prêtres basques venus à Rome après le bombardement de Guernica pour remettre à Pie XI une lettre du vicaire général de leur diocèse et le témoignage de neuf de leurs confrères présents lors du massacre de la population basque.

Quand le père Mancheca et le père Augustin Souci étaient arrivés à Rome en avril, le cardinal Pacelli les avait informés qu'il n'était pas indispensable pour eux d'être reçus par le pape puisqu'ils avaient une lettre, et qu'il leur ferait savoir comment et quand remettre leur appel. Mais pendant plusieurs jours personne ne s'était manifesté, jusqu'à ce qu'un matin, alors que le père Mancheca et le père Souci déjeunaient dans une petite auberge, un messager du Vatican vienne en grande hâte les avertir que le secrétaire d'État allait les recevoir, à la condition que cette rencontre reste secrète et qu'ils ne fassent aucune allusion à la raison de leur venue à Rome. Sans même finir de manger, les deux prêtres avaient suivi le messager jusqu'au Vatican. Le futur Pie XII les avait reçus debout. Ils avaient parlé de leur lettre pour le pape, et Pacelli, aussitôt, d'un ton glacial, les avait congédiés. Ses seules paroles avaient été : « À Barcelone, l'Église est persécutée. »

Celle qui fait son entrée dans les appartements pontificaux, pour y superviser la nourriture et l'ordre des pièces, est une solide religieuse d'Ebersberg au service du nouveau pape depuis l'époque de sa nonciature en Bavière, en 1917 ; et qui restera avec lui jusqu'à sa mort. Une femme volontaire et despotique, dévouée jusqu'au fanatisme, que le cardinal Tisserant appellera « la papesse ». Ce que *suor* Pascalina Lehnert pense des banderoles à l'entrée de Rosenheim, à quelques kilomètres de sa ville natale, qui refusent la contamination par les Juifs, nul ne le sait. Le Pie XII qui vient d'être élu admire encore plus que mon père la capacité de travail et les prodigieuses qualités d'ordre du peuple enfermé entre Rhin et Vistule, la discipline de sa jeunesse blonde. Il aime sa langue et ses coutumes, au point de ne décorer son appartement du Vatican qu'avec des meubles allemands en acajou, œuvres d'artisans allemands. Au mur, un grand tableau à l'huile d'école allemande, et pour la table des assiettes en porcelaine et des verres de cristal venus d'Allemagne, des couverts en argent fabriqués en Allemagne. C'est en allemand que les trois religieuses attachées à sa personne doivent lui parler. Il aime aussi les oiseaux, ce nouveau pape, et un couple de canaris répondant aux noms de « Hänsel » et « Gretel » lui tient compagnie pendant qu'il mange ou travaille. Gretel, affectueusement appelée « Gretschen », est complètement blanche, et elle vient toujours se poser sur ses papiers.

C'est lui, en tant que secrétaire d'État, qui a mené à bien les négociations pour la signature en juillet 1933 du Concordat entre l'Église et le Reich hitlérien, « dans la tentative — affirmerait-il plus tard pour se justifier — de sauver les concordats, face à un avenir incertain, en étendant leur territoire et leur contenu » (Pie XII, 19 juillet 1947). Et le premier diplomate reçu par le nouveau pape est l'ambassadeur allemand Diego von Bergen, tandis que par un courrier personnel lui-même informe Hitler de la conclusion favorable du conclave. Mussolini, à son tour, le 2 mars, dès que la fumée blanche s'élève dans le ciel au-dessus de la coupole de Saint-Pierre, s'empresse de se féliciter avec son collègue et camarade Hitler de l'élection de l'ancien nonce de Berlin.

Le nouveau secrétaire d'État devient le cardinal Luigi Maglione, qui donne instruction à l'*Osservatore Romano*, sur ordre de Pie XII, d'éviter dorénavant les commentaires anti-allemands. Au même moment, les attaques contre le Vatican disparaissent des journaux allemands.

C'est donc dans la jubilation quasi générale que les trompettes d'argent annoncent le 12 mars la prise d'habit du nouveau pape, et que la *coronam auream* descend lentement *super caput ejus.* Dans l'immense nef de la basilique Saint-Pierre s'élèvent les mélodies célestes des vierges et des chœurs d'enfants, pendant que le corps diplomatique au grand complet étale ses couleurs à côté de la pourpre des cardinaux et qu'une foule émue se presse derrière les barrières de la place Saint-Pierre. Puis à travers Rome s'égaillent des bandes joyeuses de prêtres du Collège germanique, ils sont jeunes, vêtus de rouge avec une large ceinture noire à la taille. Les couleurs du drapeau du Reich, qui flotte mollement au bout des hampes, en cette dernière saison de la paix.

Il faudra trente-trois années avant qu'on puisse savoir, en partie du moins, quelle était la volonté de Pie XI, et ce qu'il avait probablement l'intention de dire aux évêques ce 11 février 1939. Et il faudra cinquante-six ans, cinquante-six années avant qu'on connaisse enfin le texte de l'encyclique *Humani Generis Unitas* (« L'Unité du Genre humain »), préparée à la demande du pape par un jésuite franco-américain.

John LaFarge, apparenté par sa mère à Benjamin Franklin, est en 1938 un jeune prêtre des États-Unis qui s'est intéressé à la question des Noirs et du racisme, en particulier dans le

Maryland, où il est resté jusqu'en 1926. En 1937, il a publié un livre, *Interracial Justice*, qui a fait de lui dans son pays le champion catholique de la lutte pour la justice raciale. Le 2 mai, il débarque du paquebot *Volendam* en Angleterre afin d'effectuer des recherches sur la situation en Europe pour l'hebdomadaire catholique *America*, dont il est un membre de la rédaction.

Il arrive à Rome le 5 juin ; peu avant de repartir, il est invité par le recteur de l'Université grégorienne, le père Vincent McCormick, à assister à une audience générale à Castel Gandolfo. Quelques jours après, alors qu'il s'apprête à quitter Rome pour l'Espagne, un message du Vatican arrive : le pape désire le rencontrer en privé et lui fixe un rendez-vous. Le 22 juin, LaFarge est de nouveau à Castel Gandolfo. Pie XI lui déclare qu'il a lu *Interracial Justice* et qu'il l'a beaucoup apprécié : c'est d'ailleurs, affirme-t-il, ce qu'il a lu de mieux sur la question. Et au moment où il cherche une personne capable de prendre en charge ce qui lui tient le plus à cœur, c'est Dieu qui lui envoie le père LaFarge. Chaque jour qui passe lui donne l'impression que le racisme et le nationalisme de plus en plus se confondent, et cette question l'obsède. Le père LaFarge doit lui préparer un projet pour une encyclique sur le racisme, et s'engager à garder le secret le plus absolu. Bien sûr, il a conscience que pour faire les choses correctement il aurait fallu avertir d'abord le père général des Jésuites, mais tant pis, lui dit-il. Il écrira le jour même à ce dernier pour l'informer, et lui demandera de mettre à la disposition du père LaFarge tous les moyens nécessaires pour mener ce projet à bien. Puis, ayant exposé dans leurs grandes lignes le sujet, la méthode à suivre et les principes à observer, il ajoute : « Dites tout simplement ce que vous diriez si vous étiez pape vous-même. »

Pour le jeune jésuite, c'est « comme si le roc de saint Pierre [lui] était tombé sur la tête ». Le 27 juin, un lundi, il rencontre le général de son ordre, le père Wladimir Ledochowski, un Polonais, qui lui adjoint, à sa demande, deux collaborateurs : le jésuite allemand Gustav Gundlach (l'auteur de la causerie anonyme d'avril 1938 à Radio Vatican) et le jésuite français Gustave Desbuquois, directeur à Paris de la revue jésuite *L'Action populaire*. Ils tombent d'accord pour que LaFarge, une fois le projet terminé, apporte personnellement le manuscrit au père Ledochowski, lequel se chargera de le remettre à Pie XI. Le père général insiste sur la nécessité du secret le plus absolu (il y reviendra encore dans les mois qui suivent, LaFarge lui paraissant manquer de réserve).

Les trois jésuites se mettent aussitôt au travail à Paris, rue Monsieur, où se trouve le siège de la revue *Études* ; mais aussi en banlieue sud, à Vanves, dans les locaux de *L'Action populaire*. Peu de temps après, ils sont rejoints par un autre jésuite, un Allemand, le père Heinrich Bacht, chargé de traduire l'encyclique en latin. Dans la chaleur de l'été, en moins de trois mois, le texte est rédigé dans ses versions anglaise, française et allemande. L'une au moins de ces versions est intitulée *Humani Generis Unitas*. En septembre,

LaFarge part à Rome pour remettre le projet d'encyclique au père Ledochowski, chargé de le présenter à Pie XI.

Mais pour LaFarge et ses collaborateurs, l'excitation première cède le pas à la déception ; et finalement, à l'inquiétude. Le père Ledochowski ne semble nullement pressé, et dit avoir confié le document à des experts. Les experts en question ne sont en réalité qu'une seule et même personne : le père Enrico Rosa (rédacteur de la revue jésuite *Civiltà Cattolica*), auquel a été remise une version abrégée du texte français. Le 1er octobre, deux jours après les accords de Munich, le jour même où les troupes allemandes occupent le territoire des Sudètes, LaFarge s'embarque sur le *Statendam* pour rentrer aux États-Unis. Le 16, Gundlach, revenu à Rome, lui écrit de s'adresser directement à Pie XI. Dans sa lettre, il lui fait part du soupçon que le père Ledochowski cherche à « saboter [leur travail] par action dilatoire, pour des raisons tactiques et diplomatiques ». Dans cette lettre comme dans les suivantes, ni Pie XI ni le père Ledochowski ne sont désignés par leur nom. Le pape est « M. Fischer » (allusion à l'« anneau du pêcheur » que porte le pape) et Ledochowski est quelquefois « le Chef » et plus souvent « l'Admodum ».

Mais LaFarge hésite à passer par-dessus son propre supérieur. Le 18 novembre, Gundlach revient à la charge, en lui faisant part de son inquiétude grandissante. La santé du pape, écrit-il, se détériore rapidement, et il s'est installé autour de lui une surveillance étroite, « de telle façon qu'il ne lui parvient plus que ce que les autres veulent bien lui laisser parvenir... » Le 26 novembre 1938, le père Enrico Rosa, malade depuis longtemps, meurt. En février de l'année suivante, à la mort de Pie XI, LaFarge, Gundlach et Desbuquois ne savent même pas si le pape a reçu leur texte. Le 2 mars de cette même année 1939, avec l'élection de Pie XII, les espoirs des trois jésuites s'amenuisent. À la fin du mois de mars, le père Ledochowski, pour la première fois, les informe que leur texte a été remis à Pie XI quelques jours avant sa mort mais que son successeur n'a pas encore eu le temps de le lire. Autrement dit, l'encyclique est morte avant même d'être née.

Pour le moment, rien ni personne ne prouve que Pie XI ait eu le projet sur son bureau ni, si tel était le cas, que quelqu'un l'ait vu et écarté après sa mort. C'est comme si ce texte s'était englouti dans des eaux insondables. Les trois jésuites se taisent, liés par le secret pontifical.

Mais lorsqu'en octobre de la même année Pie XII promulguera sa première encyclique, intitulée *Summi Pontificatus*, certains des passages dans lesquels il déplore les souffrances subies par les catholiques polonais seront entièrement décalqués du projet conçu à Paris pendant l'été 1938. Cependant, tout ce qui concernait l'antisémitisme et les Juifs aura disparu ; de même que toute allusion au nazisme ou à la politique expansionniste d'Hitler. De l'encyclique *Humani Generis Unitas*, il ne reste pour le moment aucune trace.

Jusqu'en décembre 1972, quand le *National*

Catholic Reporter commence à publier aux États-Unis quelques extraits d'un projet d'encyclique de Pie XI contre l'antisémitisme. Des quatre rédacteurs, seul le père Heinrich Bacht est encore vivant. Desbuquois est mort en 1959 et Gundlach en 1963. LaFarge est mort lui aussi, cette même année 1963, en novembre. C'est d'ailleurs en rangeant les archives du père LaFarge qu'en 1967 un de ses anciens élèves, le jésuite américain Thomas Breslin, a trouvé des fragments de la version anglaise de l'encyclique et en a fait des microfilms. C'est ce document qui est en la possession du *National Catholic Reporter.*

Il faudra encore vingt années de recherches patientes et obstinées de la part de deux historiens, Georges Passelecq, un moine bénédictin, et Bernard Suchecky, juif, historien en sciences sociales et actuellement bibliothécaire à Strasbourg, pour que l'on connaisse au moins une des versions de ce projet rédigé avec tant d'enthousiasme dans la chaleur de l'été 38. Et que l'on puisse reconstituer son histoire. Un long travail, commencé en 1987, et qui a duré jusqu'en 1995. Des années passées à se heurter continuellement à des refus ou des retards, des amnésies soudaines. Des années de tentatives infructueuses pour avoir accès aux archives des jésuites à Rome ou à celles du Vatican, ouvertes à la consultation jusqu'en 1922, année de la mort de Benoît XV.

Le livre qui résulte de ces travaux, *L'Encyclique cachée de Pie XI*, fournit en annexe le seul texte actuellement retrouvé, la version française, vraisemblablement celle remise au père Enrico Rosa, intitulée *Humani Generis Unitas* (le texte en allemand portait le titre de *Societatis Unio*). Une centaine de pages dactylographiées, divisées en cent soixante-seize courts chapitres ou paragraphes, dont les soixante premiers ont certainement été rédigés et corrigés en dernière lecture par le père Gundlach, reconnaissable à son style, plus familier avec les questions sociales et philosophiques. La dernière partie, riche de corrections, adjonctions et annotations, qui concerne plus directement les Juifs et l'antisémitisme, et qui est également plus pragmatique et plus directe, est très probablement celle à laquelle LaFarge a travaillé et qui a subi le plus d'interventions (le père Rosa ? LaFarge lui-même ?)

Nul n'est en mesure de dire aujourd'hui de quelle manière ni jusqu'à quel point l'encyclique *Humani Generis Unitas* aurait pu changer le destin de millions de Juifs. Mais elle aurait sans aucun doute posé à la conscience de près de cent millions de catholiques européens un problème qu'ils auraient eu beaucoup de mal à éluder.

Pendant ce temps, les troupes allemandes ont franchi le 15 mars 1939 les frontières de ce qu'il restait de la Tchécoslovaquie. En Bohême et en Moravie, l'invasion est encore pacifique. Mais dès le 1er septembre, quand les armées allemandes pénètrent en Pologne, c'est la guerre. Pas pour l'Italie ; pas tout de suite. Nous allons vivre nos neuf derniers mois de paix.

Empilés dans l'Astura, nous quittons Ortisei

pour notre maison de Mirabello, dans le Montferrat. Sur le trajet, nous nous arrêtons à Brescia pour déjeuner ; et c'est sur la place déserte et ensoleillée, à l'ombre du store orange d'un restaurant, que d'un seul coup la voix jaillit du haut-parleur comme un flot noir. Est-ce la voix d'Hitler ? Je ne sais pas, je sais seulement que ce jour-là et à cet instant-là la voix qui veut dire la guerre efface tous les autres sons, c'est une voix brusquement obscure, aphone et sinistre à mes oreilles d'enfant. Comme si tout à coup j'étais adulte, et uniquement pendant le moment où ces paroles résonnent entre les tables à moitié désertes, dans l'odeur des nappes. Je ne suis plus la petite fille avec sa cuillère plongée dans la soupe tiède, mais le regard du serveur demeuré stupéfait, l'assiette à la main. La pâleur soudaine de la patronne assise à la caisse. Francesco, notre chauffeur, seul à une table non loin de là, qui s'est immobilisé, avec sa fourchette d'où glissent quelques spaghettis. Francesco qui a eu la jambe brisée pendant la Première Guerre mondiale, et avec cette jambe en miettes a dû se traîner sur quatre kilomètres pendant la retraite de Caporetto.

Ensuite avec maman j'ai traversé la place ensoleillée où quelques journaux pendent mollement accrochés au kiosque, et je suis entrée avec elle dans un magasin de tissus, je l'ai regardée choisir les étoffes une à une : celle à carreaux marine et rouge, et celle avec de petites fleurs serrées comme dans une haie, celle avec des colibris bleus. Des mètres et des mètres de tissu qu'en mère avisée et prévoyante elle fait dérouler sur le comptoir puis couper, avec l'entaille des ciseaux au bord puis la déchirure longue comme un sifflement dans cette paresseuse après-midi d'été, avec les mouches sur le bois du comptoir. Et après nous avons acheté des chaussures, mais les chaussures c'est plus difficile, comment savoir de combien les pieds des enfants vont grandir. Pour moi déjà les jeux ont recommencé ; cette voix sinistre et obscure qui grinçait dans la pénombre du restaurant s'est engloutie comme un fleuve souterrain, et je m'amuse à enfiler l'une après l'autre les chaussures éparpillées sur le sol au milieu des boîtes ouvertes.

Même si ces chaussures dont le vendeur souligne la solidité ne me concernent pas pour l'instant : je suis celle qui toujours héritera, héritera tout de ses sœurs aînées. Vêtements, manteaux, affreuses jupes de laine pelucheuse. Jusqu'à la fin de la guerre.

Dans l'Institut du corso d'Italia où je vais en classe à l'automne suivant (ma sœur aînée est entrée en première année de lycée, ce qui a entraîné pour nous trois le passage dans un collège agréé), les religieuses sont pour la plupart italiennes mais ont souvent des noms français, et les saisons se succèdent dans un rituel interminable de prières et de « fiorettis ». C'est ainsi que les religieuses les appellent, pour ôter un peu de leur amertume aux renoncements que nous sommes censées faire. Elles, elles sont en violet, et elles portent au doigt une mince alliance en or avec une croix, témoignant du mariage qu'elles ont contracté avec le Christ. Un alliance qui cogne, métallique, contre la rampe, pour nous rappeler à l'ordre dans les escaliers. Nos uniformes sont bleus, nos socquettes grises et nos chaussures noires. Pour la chapelle nous avons des voiles en organdi blanc attachés sous la nuque par un élastique. Quand ils ne sont pas sur nos têtes, ces voiles sont pliés dans une enveloppe de carton marbré avec un numéro dessus. C'est le numéro 256 qui m'est attribué. Le chiffre 256 est sur mon tablier et sur tout ce qui, semble-t-il, m'appartient : porte-serviettes, serviettes, mouchoirs ; un numéro qui me suivra comme un chien fidèle pendant les onze années d'école qu'il me reste à faire. Je franchis la grande grille de fer à huit heures vingt le matin et en ressors le soir à six heures. Quelquefois, quand nous quittons la maison, il fait encore noir, et noir le soir quand nous rentrons. Pendant la courte parenthèse juste après le repas, nous avons l'autorisation de nous défouler dans ce qui devrait être un jardin mais n'est qu'un coin de terre fiché comme la proue d'un navire entre le corso d'Italia et la via di Porta Pinciana. Hormis les lauriers et les buis, il n'y a qu'un seul arbre. Magnifique, avec une myriade de feuilles minuscules : un poivrier. Le reste est poussière enclose entre des murs de trois mètres de haut. La bouchée encore à hauteur d'estomac, nous devons concentrer en quarante-cinq minutes une vitalité qui a crû démesurément au fil des heures ; et aussitôt il faut rentrer, avec nos uniformes qui sentent la sueur, nos mains glacées. La journée se referme comme une valve sur les salles de classe grises où les vitres sont opacifiées parce qu'il ne faut pas regarder dehors. Mais surtout parce que personne dehors ne doit nous regarder. Il n'y a pas de ciel ni de feuillage, juste cette couleur opaque, une couleur d'hôpital. Nos tables ornementées par les plumes de générations d'élèves s'appellent des pupitres et ont un couvercle qu'on soulève, à l'intérieur il y a nos cahiers et nos goûters que nous grignotons en cachette. Parfois, quand l'une de nous lève le couvercle, du pupitre monte une odeur d'écorces d'orange trop longtemps enfermées. Je déteste cette odeur. Et aussi l'odeur de chou qui le matin annonce ce que sera notre déjeuner à la longue table du réfectoire. Ma maîtresse s'appelle mademoiselle Minchetti, et dès le premier mois elle me met un huit de conduite parce que je me balance sur ma chaise. L'après-midi, quand j'ai fini mes devoirs, je m'enferme dans la salle de bains, et debout sur la cuvette des cabinets je regarde à travers la partie supérieure de la fenêtre, découpée pour l'aération : je vois les pelouses de la Villa Borghèse sillonnées par les sentiers de terre battue, la lumière qui glisse sur l'écorce des pins et légère se couche sur l'herbe, qu'on dirait bleue. Bleue comme ce ciel que j'entrevois à peine. Des enfants se promènent, donnant la main à des adultes, des chiens courent détachés des laisses; sur une plate-forme en ciment, des ouvriers construisent jour après jour une casemate de ciment. Un « fioretto », a dit mère Immaculée, c'est par exemple jeter un fruit confit dans les cabinets; et sa main couleur de beurre pâle a fait le geste de laisser tomber quelque chose. Je n'aime pas les fruits confits, mais les jeter dans les cabinets ça je ne pourrais pas. Papa nous parle quelquefois de Rebuffi, le mendiant qui sonnait à la porte pour avoir une assiette de soupe quand il était petit à Turin. « Rebuffi » est une convention, décodé ça veut dire : « On ne laisse rien dans son assiette, on doit respecter la nourriture parce qu'il y a des gens qui meurent de faim et ce que tu gaspilles ferait leur bonheur. » Au maximum, comme « fioretto » pour le carême, je peux mettre un chocolat de côté pour le manger à onze heures le samedi saint, quand les cloches s'élancent pour annoncer que le Christ est ressuscité.

En souvenir de son jeûne dans le désert, nous avons l'obligation, nous les chrétiens, de jeûner pendant le carême, seulement les grands, en fait : manger une fois par jour et jamais de la viande ou de bonnes choses. Mais chez nous tout le monde est « dispensé ». Papa souffre de l'estomac, et maman si elle ne mange pas risque de s'évanouir. À l'intérieur de sa table de nuit il y a toujours des sels pour la ranimer, dans un petit flacon en verre bleu. Italia et Letizia je ne sais pas, Italia dit que de toute façon pour eux c'est toujours carême. Le dimanche de la Passion, tous les tableaux dans la chapelle sont recouverts d'un drap violet, et les ornements du prêtre qui dit la messe sont violets eux aussi. Pendant le carême ce n'est pas bien de trop jouer, de plaisanter, de rire, de manger des gâteaux. Le matin, aussitôt arrivées, nous allons à la chapelle avec notre voile blanc sur la tête déposer au pied de la croix nos « fiorettis » écrits sur un papier plié. Pendant le carême on fait des exercices spirituels. Trois journées pendant lesquelles il n'y a pas de leçons mais on reste tout le temps avec un prêtre qui s'appelle le père Pesce. Il n'y a rien à apprendre et il n'y a pas de devoirs, au réfectoire on garde le silence pour écouter la lecture de la vie de saint Tarcise, le jeune homme lapidé pour avoir voulu sauver les hosties avec le corps du Christ. Même au dessert il n'y a pas de *Deo gratias.* « Déogratzias » est un mot codé, comme « Rebuffi ». Pour moi qui ne sais pas encore le latin, c'est une sonorité ronde qui nous délivre du silence et transforme instantanément le réfectoire en une volière pleine d'oiseaux. Mais pendant les exercices spirituels, on n'entend dans le réfectoire que le bruit des couverts dans les assiettes et la voix de mère Rose qui lit ; le silence, comme une ombre impalpable, nous poursuit encore dans ce qu'on appelle le jardin, où nous ne devons pas jouer mais « méditer ». Moi je regarde le poivrier, ses petites feuilles légères, et je rêve. Avec le climat de Rome, il a du mal à faire des fruits, dit mère Immaculée ; j'imagine quelque chose de luisant comme la carapace des scarabées. L'après-midi à la chapelle, le père Pesce nous explique ce que Dieu attend de nous : l'obéissance, la pureté, la prière. Notre cœur est comme une chambre qui doit être nettoyée de toute la saleté accumulée pendant l'année, elle doit redevenir pure comme quand on nous a baptisées. Et ça ne sert à rien de tricher, dit-il, de donner juste un petit coup de chiffon. Maman, mère Immaculée, nous pourrons peut-être les tromper avec un mensonge, et elles ne pas s'en apercevoir. Mais Dieu, non. Lui, il voit tout : « Une fourmi noire, sur une pierre noire, dans une nuit noire, Dieu la voit ! » Le père Pesce est maigre, ses lunettes rondes reflètent les lueurs des bougies et fondent droit sur nos âmes. J'ai une terrible nostalgie du Christ de plâtre qui montrait du doigt son cœur à nu dans sa poitrine, ses cheveux châtains flottant sur ses épaules. Je n'aime pas les fourmis, à l'œil de Dieu je préfère les grandes ailes de plumes de l'Ange gardien. Le père Pesce ne parle pas de « fiorettis », il martèle avec emphase le mot de « sacrifice ». Le fils de Dieu, dit-il, est mort à cause de nous, pour nous sauver, il est là, cloué sur la croix, et le doigt du père Pesce montre la tête inclinée sur la poitrine qu'une grande blessure déchire. Ce sont les Scribes et les Pharisiens qui l'ont tué, mais nous aussi, qui avons péché, et quand nous commettons une méchante action, quand nous disons ne serait-ce qu'un seul mensonge ou quand nous avons des pensées impures, nous sommes comme les Scribes et les Pharisiens. Comme Caïfa et la foule sur la place de Jérusalem qui criait « à mort, à mort ! » Et après ils l'avaient fouetté jusqu'au sang avec des verges et ils lui avaient mis sur la tête une couronne d'épines et la foule s'était moquée de lui, attirant sur elle une malédiction terrible. Et après encore ils l'avaient obligé à porter sur ses épaules une croix très lourde, jusqu'en haut du Golgotha, le lieu du supplice. Et cette croix, ils l'avaient cloué dessus ; et quand il avait eu soif et qu'il avait demandé à boire, ils lui avaient tendu une éponge trempée dans du vinaigre au bout d'un long pieu, et ils lui avaient dit : « Tu n'as qu'à te sauver toi-même, si tu es le fils de Dieu ! » Et au moment exact où Jésus était mort, le ciel s'était obscurci, et dans le Temple de Jérusalem le voile s'était déchiré, et Judas qui l'avait trahi avec un baiser s'était pendu à un arbre et était allé droit chez Lucifer. « Voulons-nous être comme ces Scribes, ces Pharisiens, cette foule au cœur de pierre qui criait “à mort, à mort” ? » Derrière les lunettes, les yeux du père Pesce sont comme des pointes d’épingle qui fouillent entre nos côtes pour y dénicher la fourmi noire sur un caillou noir, cachée dans la nuit de notre cœur. « Comme Judas, qui a donné aux Juifs leur triste nom ? — la voix se répercute avec un frémissement parmi les voiles blancs — ... ou ne préférons-nous pas être de bonnes chrétiennes, et faire de nos cœurs des tabernacles prêts à accueillir le fils de Dieu au jour de sa résurrection ? »

Nous devons suivre derrière lui les quatorze étapes du chemin de croix accrochées au mur. À chaque « station » où est représentée une scène du cruel martyre, nous nous mettons à genoux et nous récitons un des mystères du rosaire. Si l’une de nous se laisse distraire, mère Elena la pince ; et si une autre bavarde, ou dit même juste un mot, elle la tire un grand coup pour la sortir du groupe et la fait agenouiller toute seule au milieu de la chapelle.

Et le soir, à la maison, nous devons encore garder le silence et penser aux coups de fouet et à la couronne d’épines, aux clous qui ont transpercé les mains et les pieds de Jésus. Mais une lumière qui annonce le printemps effleure la façade de l’immeuble d’en face, les fèves que j’ai plantées dans un pot sur le balcon se sont ouvertes sur deux petites feuilles rondes, et l’attente de l’obscurité emplit de voix la via Flaminia, des portes claquent. Dans le tableau au cadre bleu, la petite fille au béret rouge patine sur le lac gelé serré entre les montagnes. À la cuisine Letizia retourne dans la poêle de petites omelettes que maman appelle des « *omelettes confiture** ». Alors c'est difficile de continuer à penser aux clous et à la croix, à la couronne d'épines. Elle aussi, maman, elle fait des exercices spirituels à San Carlo al Corso, mais ensuite quand elle rentre à la maison elle bavarde au téléphone et dit à Letizia d'ajouter la confiture de fraises dans les omelettes. Je voudrais savoir si *giudeo* et *ebreo* c'est la même chose, maman dit oui c'est pareil mais il faut dire *ebreo, giudeo* ce n'est pas beau, c'est même vulgaire. Ils peuvent se vexer.

Le jeudi saint je vais avec elle et papa visiter les tombeaux. Trois ou cinq, mais souvent sept, parce qu'il faut un nombre impair. Ce n'est pas difficile, entre la piazza del Popolo et le Corso, de trouver sept églises, et les rues sont pleines de gens qui entrent et sortent par les portails, avec les lumignons qui scintillent autour des tombeaux. Quelques-uns de ceux que nous croisons et que papa et maman connaissent s'arrêtent pour leur dire bonjour, je regarde leurs enfants et leurs enfants me regardent. Le tombeau que je préfère c'est toujours celui de Santa Maria del Popolo, avec devant un tapis d'une herbe spéciale qui a poussé dans le noir, presque blanche. Tout autour, plein de petites flammes brillent avec chaleur et en sortant on respire un air de fête, une odeur-couleur qui rappelle la mer. Dans chaque église je peux allumer une bougie, et ce serait

* En français *(sic)* dans le texte.

tellement beau si l'après-midi du jeudi saint ne finissait jamais. S'il ne menait pas droit vers ce vendredi de ténèbres, où nous devons rester debout immobiles dans la chapelle pendant toute la lecture de la Passion de Notre-Seigneur Jésus-Christ et que mère Elena nous surveille avec ses yeux noirs comme du charbon. Presque toujours il pleut et le ciel est livide, et trois heures de l'après-midi, l'heure où Jésus pousse son dernier soupir, n'arrive jamais. Mais après, oh après c'est magnifique, Jésus a cessé de souffrir et, enveloppé dans le suaire, il repose dans le tombeau de Joseph d'Arimathie et les sœurs nous renvoient chez nous. Nous descendons à pied par la Villa Borghèse, la mousse est comme un velours sur les pierres de la fontaine du Fiocco et les yeuses immenses laissent tomber une ombre violette. Notre *Fräulein* actuelle est une vierge tchécoslovaque insouciante et fervente avec de petites tresses qui s'enroulent autour de sa tête, et quand nous marchons elle nous incite à respirer profondément pour délivrer nos poumons de l'air vicié accumulé dans l'enfermement de la journée. J'essaie de l'imiter et mon regard se fixe sur son thorax qui se gonfle démesurément sous le manteau bleu étriqué, les traits de son visage délavé qui s'animent et se colorent dans cette respiration emphatique.

Les Juifs aussi ont une Pâque, dit mère Immaculée, mais elle n'a rien à voir avec notre fête. Eux, ils ne croient pas que Jésus est ressuscité ni qu'il était le fils de Dieu. Et alors, tous ces signes, le ciel qui s'est obscurci, le voile dans le

Temple à moitié déchiré ? Mère Immaculée a un visage qui est comme un grand œuf, le nez qui luit, elle sourit souvent en montrant l'arc fourni et rond d'une myriade de dents, mais en ce moment ses lèvres se pincent avec sévérité et semblent prêtes à aspirer l'air alentour : Il n'y a pas pire aveugle que celui qui ne veut pas voir, dit-elle, ni pire sourd que celui qui ne veut pas entendre... Mais quelle sorte de Pâque est-ce là, qu'est-ce qu'ils fêtent alors ? Bien sûr que ce n'est pas la Résurrection, puisque le Christ c'est eux qui l'ont tué ! Mère Immaculée n'a pas dit cela, c'est moi qui l'ai dit ; et je suis fière de ma subtilité. Drôle de Pâque, cette Pâque des Juifs, sans cloches et sans agneau, sans œufs en chocolat, et même pas de brebis en sucre avec un ruban rouge autour du cou.

Je ne sais pas comment il vit ce début de guerre, le fils des Levi, ce silence comme de la ouate tombé sur l'appartement d'à côté où madame Della Seta habite avec son frère.

L'hiver 1939-1940 est entré sinistrement dans leur vie, le Tribunal de la Race a commencé à fonctionner depuis quelques mois, et ils ne peuvent plus quitter leur résidence habituelle sans la permission des autorités de la police nationale. Ils n'ont plus de passeport : de toute façon, à quoi leur servirait-il ? D'Allemagne arrivent des nouvelles lourdes comme des pierres : les Juifs ont dû donner leurs appareils radio, et s'ils ont encore pour le moment des cartes d'alimentation, ils ne reçoivent plus de tickets pour s'habiller, et sont exclus des attributions de volaille et de poisson et des distributions exceptionnelles. Ils n'ont le droit d'entrer dans les magasins qu'après quatre heures de l'après-midi, quand les produits non rationnés, comme les fruits et les légumes, sont épuisés. Personne n'a eu de nouvelles des trente et un mille déportés de 1938, et d'autres dizaines ou centaines de milliers sont partis vers les territoires de l'ancienne Pologne sans laisser de traces. Leurs maisons ont été réquisitionnées, leurs biens placés sous séquestre, dans un « but social », leurs comptes en banque ont été bloqués.

J'ai une nouvelle amie, qui a le privilège de s'appeler du même nom que la rue où j'habite : Flaminia. Sa gouvernante est française et Flaminia lui dit *mademoiselle.* Quand nous allons patiner au Circo Massimo, *mademoiselle* met un chapeau en feutre gris souris et ne parle avec personne, elle suit Flaminia pas à pas sur le bord de la patinoire. Flaminia a des boucles noires et un boléro en castor ; au mariage de la dernière fille du roi, elle a été demoiselle d'honneur. Chez elle une photographie la montre à côté de la mariée royale avec une robe longue jusqu'aux pieds et une petite couronne de roses posée sur ses boucles noires, ses bras nus sortant des manches courtes et bouffantes. Dans d'autres photographies éparpillées sur les meubles, la princesse de Piémont a des yeux clairs comme des pierres de rivière et le prince lui fait face de l'autre côté du piano, grand et beau dans son uniforme, la dédicace sobrement royale. Il y a aussi le Duce, assis à sa table de travail du Palazzo Venezia, le « M » incomparable de sa signature pressée de chef, en charge du destin du monde. Flaminia a aussi un chien, un fox-terrier, et pour le brosser dans sa salle de bains elle a un peigne en argent. Pour jouer nous avons à notre disposition une chambre-débarras protégée par des rideaux rouges où il y a des habits de soirée et de vieilles capes en velours, de grands chapeaux avec des plumes. Le cuisinier Zeno nous prépare pour le goûter du pain en boîte, qui se présente sous forme de bandes fines : entre les deux bandes il y a du jambon ou du saucisson, ou de la mayonnaise avec des cornichons. Et même Olga, la femme de chambre, doit être très riche puisqu'elle a offert à Flaminia pour sa première communion une broche en forme de coq dont le corps est fait d'une grosse perle « baroque ». Nous jouons à nous déguiser, aidées par *mademoiselle*, et Flaminia exige toujours le rôle de la fée ou de la reine.

Flaminia est la fille cadette des nouveaux amis que mes parents ont rencontrés à Cortina pendant les vacances de Noël. Leurs nouveaux amis, et Cortina, ont tellement plu à papa et maman que cet été nous irons tous ensemble dans deux maisons voisines sur la route qui monte de Cortina vers le Pomagagnon. En attendant ils ont pris deux loges voisines à l'Opéra, et tous les dimanches après-midi nous nous retrouvons au théâtre. Maman nous a fait faire par sa couturière des robes en velours bordeaux avec un col en dentelle et une toque dans le même velours pour mettre sur nos têtes. Flaminia, elle, a plein de robes en satin jaune, vert ou bleu pâle, qui arrivent au genou, et par-dessus elle porte de petits gilets faits main en angora. Assise immobile dans la loge je souffre, et le temps ne passe pas, pour mon malheur je ne comprends rien à la musique, et je trouve monstrueux ces ténors à gros ventre et ces chanteuses palpitantes de graisse. Le regard fixé sur l'horloge automatique au-dessus de la scène, j'attends uniquement l'instant où, toutes les cinq minutes, l'aiguille fait un bond en avant. Jusqu'au moment de l'entracte. Alors Flaminia et moi nous nous défoulons à courir dans les couloirs, à regarder dans les loges d'inconnus. Nous ouvrons et refermons d'un seul coup les portes, et nous nous sauvons avant que les regards réprobateurs se tournant vers cette intrusion ne se transforment en remontrances. Nos parents se réunissent dans la même loge pour bavarder et la maman de Flaminia offre à tous des bonbons nouveaux enveloppés dans un papier d'argent avec marqué « Toi et Moi ». Je ne les aime pas parce qu'ils sont à l'anis mais je fais semblant de les trouver très bons. Les parents de Flaminia connaissent beaucoup de gens importants, et ils sont sûrs que les Allemands vont gagner rapidement la guerre parce qu'ils sont ordonnés et disciplinés comme ce n'est pas possible, alors que les Anglais n'ont pas envie de se battre, le seul mot qu'ils connaissent c'est commander. Ils le savent bien, eux, parce que leur fils aîné est fiancé avec une jeune Anglaise (dans le salon il y a aussi sa photographie, la tête penchée sur le côté) ; mais comme les Anglais vont devenir nos ennemis, les fiançailles seront peut-être annulées. Ils aiment beaucoup Mussolini, et ils disent « *voi* » à l'employé qui ouvre les loges *. Papa dit qu'il suffit de ne pas parler politique. Maman et sa nouvelle amie se tutoient. Papa continue à s'adresser à tous à la troisième personne, parce qu'il a été habitué comme ça, dit-il. Le « tu », il ne l'emploie que certaines fois avec les ouvriers, quand il voit que ça leur fait plaisir.

Le 12 mai 1940, après avoir déversé dans la nuit une tempête de bombes sur la ville hollandaise de Rotterdam, l'Allemagne envahit la Belgique, la Hollande et le Luxembourg. Le lendemain, l'*Osservatore Romano* publie le texte des télégrammes envoyés par Pie XII aux trois pays neutres victimes de l'agression. Certains kiosques qui vendent le quotidien catholique sont saccagés et renversés par des voyous envoyés par Farinacci ** : signe clair que le Duce a décidé de ne pas rester plus longtemps un spectateur tranquille, mais de prendre sa part du banquet avant qu'il ne soit trop tard.

Les écoles ferment plus tôt, et début juin nous sommes déjà à Ostie, au bord de la mer. Le 8, le nonce apostolique à Berlin, Mgr Orsenigo,

* Les fascistes voulaient bannir l'utilisation du *Lei* (3e personne du singulier), pronom personnel dit « de politesse »), au profit du *voi* (2e personne du pluriel), considéré comme plus « démocratique », ou du tutoiement, plus « romain ».

** Pronazi fanatique, secrétaire du Parti fasciste et ministre d'État en 1938.

exprime au représentant du ministère des Affaires étrangères allemand, Ernst Wörmanh, son désir de voir l'Italie entrer à son tour en guerre et se félicite des victoires de l'Allemagne. En plaisantant, il ajoute son souhait que les Allemands pénètrent dans Paris par Versailles.

L'après-midi du 10 juin, du haut du balcon de la piazza Venezia, accueilli par un fracas d'applaudissements, Mussolini annonce aux citoyens de la péninsule qu'ils sont dès cet instant en guerre contre la France et l'Angleterre. Mon frère, sorti s'acheter un ballon, récompense de son passage en quatrième année de lycée, se retrouve aggloméré de force à une manifestation dont le boucher d'Ostie a pris la tête, et qui l'entraîne sous les fenêtres d'un Anglais scander des insultes. Il fait très chaud ce jour-là ; sous prétexte de boire à une fontaine, il parvient à s'échapper. Le ballon est sauvé également, blanc et bleu il porte les couleurs de la Lazio, l'équipe de Rome. Le soir même papa va trouver madame Fioravanti, qui est française, pour lui témoigner sa solidarité en tant qu'homme et sa honte en tant qu'Italien face à ce qui, dans les décennies à venir, sera appelé un « coup de poignard dans le dos ».

Le lendemain, le cardinal Tisserant envoie au cardinal Suhard une lettre dramatique sur les dits événements, et sur l'idéologie fasciste et hitlérienne qui a transformé la conscience des jeunes : « Les moins de trente-cinq ans, écrit-il, sont prêts à tout… J'ai demandé avec insistance au Saint-Siège depuis le début du mois de décembre de faire une encyclique sur le devoir de l'individu d'obéir aux injonctions de sa conscience, parce que c'est le point vital du christianisme… Je crains que l'histoire ne doive reprocher au Saint-Siège d'avoir fait une politique de confort pour lui-même, et pas grand-chose de plus. C'est très triste, pour qui a vécu sous Pie XI… »

À l'aube du 14 de ce même mois de juin, les avant-gardes allemandes de von Küchler entrent dans Paris et les troupes à cheval défilent sous l'Arc de Triomphe. Quelques jours plus tard, Hitler fait une visite éclair dans la capitale française : il est six heures du matin, et la Mercedes noire décapotable parcourt les rues et les boulevards encore déserts puis monte sur la colline de Montmartre. De là-haut, devant l'église blanche du Sacré-Cœur, le chancelier du Reich peut à présent dominer ce royaume qu'il vient de conquérir, avec la tour Eiffel qui se dessine, légère dans le matin de juin. Avant que le soleil ne soit haut, Hitler est déjà reparti ; et Paris ne le reverra plus.

La France a été divisée en deux zones. À Vichy, dans la zone dite « libre », le gouvernement, avec pour chef le maréchal Pétain, héros de la Première Guerre mondiale, et pour Premier ministre Pierre Laval, ex-député socialiste passé dans les rangs de l'extrême droite, ne perd pas de temps ; le 3 octobre, il édicte une législation antijuive qui prend modèle sur les lois fascistes. Des mesures restrictives spéciales sont adoptées à l'égard de ces Juifs très nombreux qui, entre 1933 et 1939, ont cherché refuge en France, confiants dans la solidité de la ligne Maginot et dans les vieilles traditions françaises de liberté.

Léon Bérard, nouvel ambassadeur de France au Vatican, demande une prise de position officielle de l'Église sur les nouvelles mesures adoptées par son gouvernement. Pour Laval et Pétain, la réponse est un message tranquillisant : « Dans un état chrétien, il serait insensé de laisser les leviers du pouvoir aux mains des Juifs, en limitant ainsi l'autorité des chrétiens. Il est par conséquent légitime de leur refuser l'accès à des fonctions publiques et de ne leur donner qu'un nombre limité de postes dans les universités et les professions libérales. »

Mais la guerre est encore une chose qui ne me concerne pas, et à certains moments, elle me semble même exaltante. La première nuit où les sirènes résonnent, à cause d'un avion français qui survole Rome en lançant des tracts, je saute sur mon lit d'excitation. Et quand à la fin du mois de juillet nous arrivons à Cortina, le soir, émerveillée, je regarde par la fenêtre la vallée que l'absence de lumière fait ressembler à une crèche, avec la lune qui surgit derrière les montagnes.

Nous préparons, tous les enfants, une représentation pour la fête de la maman de Flaminia. Le choix est tombé sur *Le prince Grenouille,* et Flaminia, naturellement, a eu le rôle de la princesse. Moi je suis un serviteur avec comme seule réplique : « Un monsieur est là avec une cassette. »

Les parents de Flaminia sont encore sûrs que la guerre durera au maximum deux ou trois saisons. En attendant les succès de nos soldats, nous avons déclaré la guerre aux enfants de la maison voisine et nous échangeons avec eux des mots d'insulte que nous accrochons aux arbres. D'une manière absolument non glorieuse, j'hérite d'une fracture de la cloison nasale : mon frère, en voulant me commander d'aller détacher un mot cloué sur un tronc, se tourne vers moi avec une telle fougue que le bâton dans sa main me frappe exactement à la racine du nez.

Mais l'amour a aussi sa part dans ce premier été de la guerre, et quand ma sœur aînée et quelques-unes de ses amies se déclarent amoureuses d'un garçon prénommé Rienzi, pour ne pas être en reste je dis moi aussi que je suis amoureuse de lui ; et bien que je sois la plus petite, je réussis à obtenir de lui un baiser. Pour l'avoir, je suis cependant obligée de monter sur un tabouret. Pour l'émotion, zéro, mais l'exhibition est très gratifiante.

L'été est magnifique ; comme prévu, le frère aîné de Flaminia a rompu ses fiançailles avec la jeune Anglaise, et il suit un cours pour officiers. Son autre frère, qui a une réputation de grand séducteur, fait la cour à une jeune fille de dix-neuf ans considérée comme une dévergondée parce qu'elle porte un pantalon de flanelle et se peint les ongles en rouge. Nous les espionnons, Flaminia et moi, sans arriver à voir plus que quelques « main dans la main ».

Fin août arrive la nouvelle la plus stupéfiante : la maman de Flaminia attend un bébé. Ni Flaminia ni moi ne savons encore quelle cause peut produire un tel effet, et nous ignorons la localisation exacte du bébé à naître. Quelque chose doit cependant nous traverser l'esprit puisque nous nous enfermons dans les cabinets et que Flaminia ôte sa culotte pour me montrer son petit derrière rond ; quand c'est mon tour je baisse la mienne juste ce qu'il faut pour découvrir l'aine, refusant d'en montrer davantage. Je considère en effet la partie postérieure comme bien plus personnelle et plus intime.

Avec l'entrée en guerre de l'Italie, les Juifs dits « étrangers » (les réfugiés, mais également ceux qui ont obtenu la nationalité italienne après 1919) sont arrêtés pour être ensuite emmenés, menottes aux poignets, dans des camps d'internement. L'ordre s'applique également aux Juifs des pays alliés, comme les Allemands et les Tchécoslovaques. Entre-temps, une interminable succession de circulaires a commencé à rendre la vie de plus en plus difficile aux Juifs italiens. Si les premières mesures avaient pour but de les isoler, les interdictions imposées les unes après les autres par le ministère de l'Intérieur tendent progressivement à les empêcher de travailler ; et à rendre par conséquent leur survie de plus en plus précaire. Chaque fois qu'une « personne de race juive » demande un permis pour exercer quelque activité, une circulaire conçue *ad hoc* l'en empêche. Aux Juifs il est interdit, au fil des mois, de faire du commerce de bijoux, de prendre des photographies ou de s'occuper d'appareils photographiques, d'être courtiers ou représentants. D'exercer le métier de typographe, de vendre des objets d'art et des antiquités, de faire commerce de livres et de marchandises d'occasion, de vendre des articles pour enfants et des cartes à jouer, ou de la papeterie. De vendre des lunettes ou des instruments d'optique, d'entreposer ou de vendre de la chaux, de tenir des débits d'alcool. Leur est interdit le ramassage de la ferraille et des métaux en général, de la laine des matelas. Des ordures. Le ramassage et la vente de vêtements militaires usagés. Il leur est interdit de tenir des écoles de danse, des écoles de coupe, des agences de voyage et de tourisme. De louer des films. D'avoir un permis de pêche, mais également une licence de chauffeur de taxi. D'être répétiteur privé d'élèves non juifs. D'entrer dans les locaux de la Bourse ; mais aussi dans les bibliothèques publiques. De faire partie de coopératives ou d'associations culturelles et sportives. D'être membres de sociétés pour la protection des animaux. D'être guide ou interprète. D'élever des pigeons-voyageurs.

L'heureux événement dans la famille de Flaminia se produit à la fin de l'année : c'est une petite fille et on la prénomme Maria Vittoria, en l'honneur et dans l'espoir d'une victoire qui semble désormais imminente. Et le Duce envoie un télégramme de félicitations.

Le 15 octobre, cependant, l'EIAR, organisme public gérant les transmissions radiophoniques, a commencé une nouvelle série d'émissions qui sont diffusées chaque mercredi soir à sept heures et demie par le ministère de la Culture populaire, et qui durent chacune dix minutes. Sujet : le *Protocole des Anciens Sages de Sion.*

Le Jour de l'An qui voit s'éteindre l'année 1940 et commencer l'année 1941 trouve encore les Italiens optimistes et prêts à festoyer en buvant du vin, *spumante* national ou champagne français, selon leurs moyens. Le pape a un entretien cordial avec l'ambassadeur von Bergen, à l'occasion duquel, dans un long discours en allemand, il se félicite des succès de l'Allemagne.

Le 21 mars, premier jour du printemps, le journal de Lisbonne *A Voz* écrit que sept cents prêtres ont été tués dans les camps de concentration d'Oranienburg, Dachau, Büchenwald et Auschwitz, et que trois mille autres y sont emprisonnés. Les informations qui parviennent sur les humiliations, les déportations et les assassinats dont sont victimes les membres du clergé polonais qui ne se soumettent pas de bon gré aux règles impitoyables des envahisseurs ne sont désormais plus un mystère pour le Vatican.

Mais aucune protestation officielle n'est envoyée à Berlin, tandis que les bruits concernant une attaque des troupes allemandes à l'est, en direction de l'Union Soviétique, se font de plus en plus insistants.

Le 22 juin, l'opération « Barbarossa » commence. Les armées de von Leeb, von Bock et von Rundstedt (en tout cent dix divisions) attaquent l'Union Soviétique sur un large front, conquérant en quelques jours la partie de la Pologne qui était sous contrôle soviétique et pénétrant en Ukraine. Deux cent soixante mille soldats italiens partent seconder leurs camarades allemands, comme toujours vainqueurs. Et la paix qui, il y a quelques mois, semblait à portée de main, commence à lentement s'éloigner avec les trains militaires qui, dans la chaleur et la poussière de l'été, emportent nos soldats à des milliers de kilomètres de chez eux, dans un pays qu'ils ont du mal à situer sur la carte, avec de vieux fusils de la Première Guerre mondiale en bandoulière et des jambières aux mollets.

Au Vatican on ne cache pas sa satisfaction devant l'attaque de l'Union Soviétique et les brillantes victoires des Allemands. Et si jusqu'au 22 juin Radio Vatican évoquait encore, en termes plus ou moins voilés, le sort de l'Église en Pologne, toute allusion défavorable au Reich disparaît des émissions une fois que la campagne de Russie a commencé. L'ambassadeur au Vatican, von Bergen, peut écrire à Berlin le 26 juin : « Le nonce m'a demandé aujourd'hui si nous avons encore à nous plaindre de Radio Vatican. Je lui ai répondu que non. » Et bien que les prêtres emprisonnés et déportés en Allemagne soient à présent très nombreux (à Dachau seulement, en 1945, les Américains en trouveront 326), aucune voix ne s'élève pour dénoncer le Concordat signé par Mgr Pacelli il y a seulement huit ans, et que Hitler trahit comme et quand cela l'arrange.

Dans son discours du 29 juin diffusé à la radio à l'occasion de la fête des saints Pierre et Paul, les paroles du pape, qui affirme que, « bien sûr, dans les ténèbres de l'ouragan, des éclaircies ne manquent pas, qui élèvent l'âme vers de grandes et saintes espérances : un courage généreux au service de la défense des fondements de la culture chrétienne et un espoir certain de son triomphe... » semblent de bon augure à l'ambassadeur von Bergen, qui les cite dans sa dépêche à Berlin. « Pie XII a voulu ainsi — écrit-il — exprimer l'espoir que les grands sacrifices exigés par cette guerre ne seront pas inutiles, et qu'ils amèneront la victoire sur le bolchevisme, si la Providence le veut. »

Les quarante millions de catholiques, puisque tel est leur nombre, peuplant à présent le vaste territoire de ce Reich qui étend son pouvoir sur la France, la Belgique, la Hollande, le Luxembourg et la Pologne, mais aussi sur la Norvège et le Danemark, peuvent dormir tranquilles, et fêter les éclatantes victoires des armées germaniques qui avancent vers l'Est et que rien apparemment ne peut arrêter.

À la fin de l'année scolaire, on nous emmène au Vatican pour y être reçues en audience privée par le pape. Un privilège rare que Pie XII accorde à notre collège, dont il a été le conseiller spirituel quand il était un jeune prêtre en début de carrière. Il venait alors une fois par semaine confesser les sœurs consacrées à très sainte Marie de l'Assomption. Le voir pape à présent est pour ces mêmes sœurs, surtout les plus anciennes, une émotion indicible, et dès huit heures du matin, nous sommes en colonnes par deux pour répéter encore et toujours les révérences, les chants, les génuflexions, habillées de l'uniforme en drap blanc des grandes occasions; et nous sommes en nage, en nage. Et en nage aussi les sœurs, de petites gouttes perlent au bout du long nez mou de mère Immaculée, du nez droit, pointu et toujours frémissant de mère Elena. Même celui, impassible et vigilant, un nez de fourmilier, de la mère supérieure, se couvre de petites gouttes, tandis qu'elle tourne autour de nous comme un périscope pour débusquer la tache imperceptible sur le blanc de la chaussette, le nœud relâché d'une tresse.

Le soleil de juin cogne sur les pavés de la place Saint-Pierre où l'ombre effilée de l'obélisque dessine l'aiguille d'un cadran solaire, en rang par deux nous défilons devant les gardes suisses aux hallebardes brûlantes sous le soleil, les « enfants de Marie » en tête balançant sur leur poitrine la médaille en laiton accrochée à un large ruban bleu ciel (honneur suprême). Suivent les « aspirantes », qui laissent plus modestement osciller une médaille de dimension inférieure accrochée à un ruban plus étroit, blanc et violet. Comme la hiérarchie d'une armée, dans laquelle, indigne de la petite broche avec la médaille de la « récompense », je me fonds dans la troupe des sans- grade et sans mérite.

Le souvenir que je garde de Pie XII est auréolé d'un halo de sacralité, tout est candide et flou comme si nous étions plongées dans la blancheur, comme le grand Nikolas plongeait dans l'encre les enfants méchants. Nous sommes gentilles, nous avons avec nous nos « fiorettis », je dois demander une « grâce » mais j'ai oublié laquelle. Les mots meurent sur mes lèvres et je me rattrape à la phrase la plus banale et balbutie : Je ne veux plus jamais dire de mensonges. Les dallages étincellent de lumière, le soleil est féroce, autour de nous resplendissent des murs peints comme dans les cieux du paradis. Le pape laisse tomber dans ma main une enveloppe blanche avec un blason doré. Après, de l'enveloppe, s'écoule un rosaire couleur de nacre, peut-être en galalithe, d'une valeur inestimable.

Dans la photographie prise sur le parvis en face de la basilique, le pape n'y est pas, je suis sur le côté au deuxième rang avec mon voile blanc tout raidi d'amidon. Les sœurs non plus n'y sont pas. De la photographie, tout halo, toute sacralité ont disparu, il y a juste une pyramide blanche de petites filles qui culmine avec les élèves les plus grandes, poitrines tendues vers l'avant contre le gris pâle de la façade. À côté, mademoiselle Garroni en noir avec sur la tête un voile noir en dentelle.

En août le père Maximilian Kolbe, prêtre polonais, meurt à Auschwitz. « Debout », bien qu'on ne puisse dire sur ses pieds, car il a les os brisés : dans le camp, le « bunker de la faim » est en effet une sorte de cercueil vertical qui ne permet qu'une seule position. Nu, sans eau et sans nourriture. Il meurt parce qu'un des prisonniers s'est échappé et que le système de représailles des SS qui dirigent le camp prévoit que dans ce cas dix prisonniers sélectionnés dans le bloc du fugitif auront les os brisés à coups de bâton et seront ensuite enfermés dans ces étroites cellules verticales pour y mourir de faim et de soif. Le père Kolbe s'est porté volontaire à la place d'un des sélectionnés.

En septembre, en Allemagne et dans tous les territoires placés sous juridiction du Reich, obligation est faite aux Juifs, y compris les enfants à partir de six ans, de porter une étoile de drap jaune cousue sur leurs vêtements afin qu'on puisse les identifier à tout moment. L'année suivante, en juin 1942, la mesure sera étendue aux territoires occupés.

En septembre 1941 toujours, pour la première fois, le *Blitzkrieg* perd son élan. D'abord dans la boue puis, très vite, dans la neige. Les armées d'Hitler, prises au piège des glaces du grand hiver russe, par moins trente, seront immobilisées à quelques kilomètres de Moscou sans apercevoir, même par les claires journées de vent, la silhouette lointaine de ses clochers à bulbe. Elles recommenceront à se mouvoir, ces troupes, poursuivies par l'armée soviétique, au début du mois de décembre ; pour se replier ensuite, de manière dramatique et désastreuse, durant l'hiver 1942-1943. Pendant les cinq ans que durera la guerre, le nombre des morts en Europe sera de plus de cinquante millions : on ne pourra jamais en fixer le chiffre exact.

Mais en novembre 1941, Pie XII peut encore exprimer à l'ambassadeur espagnol au Vatican, Yanguas Messia, sa sympathie chaleureuse à l'égard de l'Allemagne et son admiration pour les grandes qualités du Führer. Des déclarations qui, rapportées à l'ambassadeur von Bergen, sont évidemment envoyées par lui à Berlin, le 17 novembre, dans un télégramme de satisfaction.

Le 29 de ce même mois, le sénateur Pietro Fedele, secrétaire de la Consulta Araldica, demande une audience à Pie XII. Sa Majesté le roi Victor-Emmanuel II l'a chargé d'informer le pape de son intention d'accorder le titre princier à la famille Pacelli en la personne du frère de Sa Sainteté, Francesco, et de ses fils. Ce n'est pas une pratique courante, et les raisons d'une telle marque de bienveillance de la part de Victor-Emmanuel II, franc-maçon notoire, sont inconnues. Pie XII remercie et, naturellement, accepte.

À Berlin, pendant ce même mois de novembre, le 11, à l'office du soir, un prêtre de soixante-six ans, Bernard Lichtenberg, prieur du chapitre de la cathédrale Sainte-Hedwige (le seul déjà à protester publiquement en 1938 après la « Nuit de cristal »), fait une prière publique pour les Juifs, baptisés ou non. La police perquisitionne dans son appartement et trouve le brouillon d'un sermon qui met en garde les fidèles contre tous les prêches du régime cherchant à accuser les Juifs ; on l'arrête. Le nonce à Berlin, Mgr Orsenigo, ne daigne pas s'informer des raisons pour lesquelles le prieur de la cathédrale a été mis en prison. Lichtenberg demande à être envoyé à l'est avec les Juifs, pour prier avec eux loin de tout. Condamné à deux ans de prison, il sera libéré le 23 octobre 1943 pour être livré à la Gestapo, et envoyé à Dachau. Il mourra avant son arrivée.

Le 8 décembre 1941 est la date du grand tournant. Les Japonais, attaquant par surprise, bombardent et détruisent en grande partie la flotte américaine basée à Pearl Harbor. Les États-Unis, qui s'étaient contentés jusque-là d'un soutien matériel et moral important à l'Angleterre et à l'Union Soviétique, se retrouvent tout à coup au centre du conflit. L'Allemagne et l'Italie se rangent aussitôt aux côtés de leur allié japonais et déclarent à leur tour la guerre aux États-Unis.

Si Churchill, en apprenant l'attaque de Pearl Harbor, a lancé son béret en l'air en signe de hourra, l'entrée en guerre des États-Unis ne suscite pas le même enthousiasme au Vatican. On commence à y craindre une défaite de l'Allemagne, dont la conséquence serait un renforcement de la « gigantesque pieuvre soviétique ». Cette pieuvre qui continue de nous regarder, menaçante, sur les affiches de nos murs, avec ses tentacules sanglants.

Rien ne trouble encore l'ordre via Flaminia. La mère de Giorgio Levi qui avait obtenu, jeune fille, un diplôme à Cambridge, donne à présent des leçons particulières d'anglais. Seuls des étudiants juifs peuvent venir chez elle, et d'ailleurs la concierge, Elsa, veille sur la moralité raciale de l'immeuble. Giorgio est inscrit dans une école gérée par la communauté israélite, dans le quartier de Trastevere * et part le matin très tôt à bicyclette, une écharpe autour du cou. Quelquefois, encore à moitié endormie, à travers les vitres du petit autobus qui nous emmène à l'école, je le vois pédaler à toute vitesse vers le Lungotevere, sa bicyclette tressautant sur les rails du tram. Notre autobus fait de longs détours avant de s'arrêter corso d'Italia devant la grille noire, et il est plein à craquer, les petites sont coincées dans les bras des grandes qui les embêtent à les chatouiller. Moi heureusement j'ai dix ans et on ne me chatouille plus, je suis en quatrième année d'école élémentaire et ma maîtresse maintenant est mademoiselle Garroni, une sorte de bonne sœur laïque, grosse et vieille, qui pour faire tenir son dentier mâche du papier-buvard qu'elle cache dans un tiroir de son bureau. Mon carnet de notes porte presque chaque mois le commentaire « Peut mieux faire » ; c'est un grand tracas, qui me hante, comme mon huit en conduite, jugé tout à fait insuffisant par papa. À cause des cartes d'alimentation, pour ma plus grande joie, nous ne mangeons plus du chou et du riz avec les internes mais apportons notre repas de la maison, et nous le mangeons dans une petite salle à part avec quelques élues. Letizia cuisine des omelettes et des épinards, des pommes de terre au four ; et quand on ouvre la boîte en fer du déjeuner il monte une forte odeur domestique très réconfortante.

* Où se trouve le ghetto de Rome.

Pendant l'heure de catéchisme est venue s'asseoir à côté de moi une très jolie petite fille à la peau légèrement brune et au nez fin. Elle ne porte pas l'uniforme et elle a un prénom bizarre, qui fait penser au delta du Nil. Son silence me fascine ; elle a des mains graciles et effilées, inquiètes, qui écrivent avec nonchalance dans son cahier. Son institutrice vient la chercher à la sortie, habillée d'un sévère costume bleu marine avec une courte voilette de la même couleur, elles montent dans une voiture fermée, un landau, avec un blason princier sur la portière. Une après-midi j'ai aperçu à l'intérieur une dame avec le même visage fin à la peau comme lustrée émergeant d'un col de renard gris. Puis brusquement, un jour, profitant d'un moment d'absence de mère Immaculée, ma voisine de banc se met à parler et me raconte qu'elle suit les leçons de catéchisme parce qu'elle doit faire sa première communion : mais elle n'est jamais allée à l'école et n'ira peut-être jamais. Elle étudie chez elle, elle est fille unique ; et sa lèvre supérieure un peu relevée montre de petites dents blanches et pointues. Mais dès que mère Immaculée revient, aussitôt elle est de nouveau muette, seule sa bouche a une légère contraction, dans un sourire complice qui n'implique pas ses yeux, redevenus fixes devant elle, et sans expression : et cette lèvre juste un peu trop haute sur ses dents rend maintenant son sourire un peu cruel, mais malheureux aussi.

Puis, avant Noël, du jour au lendemain, elle disparaît comme elle était venue ; son pupitre vide devient le trou par où elle s'en est allée pour se perdre dans les entrailles de la terre, où elle galope à présent dans son landau, avec le cocher qui bombe le torse sur le siège. À l'intérieur il y a toujours son plumier en bois avec un crayon et une gomme auxquels je n'ose pas toucher.

Au retour des vacances de Noël, c'est de nouveau Maria Luisa Rosi qui vient s'asseoir à côté de moi et qui n'arrête pas de bavarder en mettant sa main devant sa bouche pour qu'on ne la voie pas. Et quand mère Immaculée tourne la tête, elle mord voracement dans son goûter derrière le couvercle ouvert de son pupitre en envoyant une pluie de miettes.

Même si ma fugitive et aristocratique compagne de banc est certainement aryenne, elle est en tout cas la première d'une série d'apparitions fugaces qui s'intensifieront l'année suivante pour atteindre un sommet durant l'hiver de 1943-1944, quand des élèves aux noms de fantaisie viendront animer la grisaille et le froid des heures de classe. De nouvelles camarades à l'accent toscan ou triestin, dont l'ascendance et la provenance seront d'autant plus intéressantes qu'elles seront à la fois variées et vagues. Ce seront des filles de parents métis, ou des Israélites à plein titre. Quelques-unes baptisées à la hâte, toutes fagotées à la hâte dans des uniformes d'urgence.

Le 20 janvier 1942, lors de la « Conférence » qui se tient à Wannsee sous la présidence de Reinhard Heydrich, tandis que le regard des plus hauts responsables politiques du Reich s'attarde sur les lacs et les forêts magnifiques qui entourent Berlin, la décision secrète est prise d'appliquer aux Juifs la « solution finale », pâle euphémisme pour signifier leur extermination totale.

Ce qui ne veut pas dire que les massacres en masse n'avaient pas commencé. Depuis le printemps 1941 et la création des *Einsatzgruppen*, 800 000 personnes environ, Juifs et communistes, ont déjà été tuées, la plupart dans les pays de l'Est de l'Europe. Mais la « solution finale » veut dire la mort de près de onze millions de Juifs, et l'organisation à mettre en place doit être parfaite, particulièrement efficace et rapide. Pour surmonter l'obstacle que représente l'élimination physique de millions d'individus, la décision est prise de construire un camp d'extermination modèle à Birkenau, à quelques kilomètres du camp d'Auschwitz, installé dans d'anciennes casernes à l'entrée desquelles la firme I.G. Farbenindustrie a placé l'inscription en fer forgé qui figure devant toutes ses usines : *Arbeit Macht Frei.* (« Le travail rend libre »). Dans cette plaine désolée et battue par les vents de la Pologne annexée au Reich, où la ville d'Oswiecim a été rebaptisée Auschwitz, les rails des trains transportant les déportés arriveront directement à Birkenau (ou Auschwitz II) non loin de l'emplacement des cinq fours crématoires. Des chariots élévateurs spéciaux feront communiquer les fours avec l'étage inférieur, celui des chambres à gaz, maquillées en salles de douche, dans lesquelles on introduira par des ouvertures spéciales un gaz, le Zyklon B, qui tue en moins d'un quart d'heure. Il sera ainsi possible d'opérer plus commodément et plus rapidement, loin des regards indiscrets. Les traumatismes, pour les exécutants, seront réduits au minimum. En effet, les camions à fermeture « étanche », avec gaz d'échappement détournés à l'intérieur, construits sur commande par les firmes Diamond, Opel-Blitz et Saurer, ne permettent pas, même utilisés à plein régime et à raison de plusieurs voyages par jour, d'atteindre le chiffre de morts demandé. De plus, à Chelmno, près de Lodz, à l'automne 1941, ils se sont révélés peu pratiques à l'usage, la mort y étant trop lente ; le déchargement des corps pose donc ensuite de nombreux problèmes.

D'autres camps d'extermination sont prévus, à Belzec (« opérationnel » en mars 1942), à Sobibor (« opérationnel » en mai) et à Treblinka (« opérationnel » en juillet).

La « solution finale » comprend en effet quatre temps : ficher les victimes, les dépouiller de leurs biens, réduire leur liberté de mouvement, et enfin les déporter pour procéder à leur élimination. Le coût du transport ferroviaire devra être financé par les Juifs eux-mêmes, grâce à la confiscation des biens qu'ils possèdent encore au moment de la déportation. Les chemins de fer allemands, qui accordent un tarif de groupe à partir de 400 déportés, recevront le produit de la vente des alliances et dents en or arrachées aux cadavres avant l'introduction dans les fours crématoires.

Il n'a jamais été possible de savoir véritablement quand ni comment l'information sur l'extermination programmée des Juifs est parvenue au Vatican.

Le 9 février 1942, en tout cas, Mgr Orsenigo, nonce à Berlin, demande le transfert à Dachau des prêtres détenus dans le camp d'Auschwitz.

Le 28 février, l'archevêque de Cracovie, Adam Sapieha, écrit en latin une lettre directement adressée au pape, dans laquelle il dénonce les crimes abominables dont le clergé et les citoyens polonais sont victimes. Le manque de nourriture, même pour une survie minimale, rend le ton de cette lettre plus tragique encore. L'archevêque confie sa lettre au père Pirro Scavizzi, aumônier militaire sur un train-hôpital de l'ordre de Malte, pour qu'il la porte à Rome.

Mais le lendemain il se ravise et envoie le père dominicain Voroniewsky demander au père Scavizzi de détruire la lettre : il craint des représailles nazies, il se sent trop exposé, et avec lui tout le clergé polonais. Le père Scavizzi obéit et brûle la lettre ; mais auparavant il la recopie intégralement, en y joignant son propre témoignage, et c'est avec cette copie de lettre dans la poche qu'il part pour Rome.

Pie XII la lira quelques jours plus tard, et le père Scavizzi lui décrira ce qui est en train de se passer en Pologne. « Certains vont même — dit-il — jusqu'à demander l'excommunication d'Hitler et de ses partisans… » Pie XII (c'est le père Scavizzi qui raconte), qui a écouté, ému et fébrile, ce compte-rendu dramatique, lève les mains au ciel. « Dites à tous, à tous ceux à qui vous le pouvez, répond-il, que le pape agonise pour eux et avec eux… »

Mais au niveau officiel on ne note pas de protestation, encore moins de *pronunciamiento* *expressis verbis**. Jamais, pendant toute la durée de la guerre, ce type de condamnation ne sera prononcé, même si, dans la Pologne annexée au Reich sous le nom de « Warthegau » et gouvernée par Hans Frank, cinq des six évêques sont internés ou déportés, et si sur près de deux mille prêtres la plupart sont dans l'incapacité d'exercer leur ministère parce qu'arrêtés ou internés dans un camp de concentration. En 1949, pourtant, Pie XII excommuniera les communistes, et une autre excommunication frappera la même année les responsables de l'arrestation du cardinal Mindszenty en Hongrie. En 1955, c'est le « socialiste » argentin Perón qui sera à son tour excommunié.

La fidèle *suor* Pascalina non plus ne parle pas, dans ses mémoires, de la lettre apportée par le père Scavizzi, mais à la mort de Pie XII elle brûlera deux sacs entiers de documents. Et ce sera l'archevêque Sapieha qui écrira personnellement au gouverneur Frank le 8 novembre 1942 : « Je ne m'étendrai pas sur l'atrocité représentée par le fait d'utiliser de jeunes ivrognes du Service du Travail pour exterminer les Juifs... »

Il est en tout cas pour le moins étrange que l'Église catholique allemande continue, pendant toute cette année 1942, à recevoir du Reich hitlérien 900 millions de marks au titre de contribution au culte.

* La forme la plus ferme de déclaration pontificale.

Toujours en 1942, au mois de mai, en Italie, la réquisition civile pour le travail est introduite pour les Juifs. Décision motivée, selon la Direction générale de la Démographie et de la Race, par un mécontentement populaire face à la position favorisée où se trouveraient maintenant les Juifs « qui, dispensés des obligations militaires, peuvent s'adonner à l'affairisme et à l'oisiveté, en menant une vie qui apparaît dès lors comme une offense aux masses combattantes et travailleuses italiennes engagées dans la poursuite de la victoire ». Cette mesure s'applique à tous les Juifs des deux sexes, de dix-huit à cinquante-cinq ans, y compris les discriminés. Les tâches doivent être de préférence manuelles ; et elles ne doivent en aucun cas faire partie de celles qui sont interdites aux Juifs. La paie prévue est la moitié du salaire ordinaire, et sera progressivement ramenée au quart. Le ministère de l'Intérieur suggère également des travaux tels que le terrassement et le nettoyage des digues, le balayage des rues, la cueillette des pommes et l'emballage des fruits sur les marchés de gros. Mais aussi le déblayage des ruines : depuis que nous sommes entrés en guerre contre les États-Unis, nos villes sont devenues un des objectifs permanents de l'aviation américaine.

Ce système de réquisition n'éveillera cependant pas beaucoup d'enthousiasme chez les préfets, à cause de la difficulté d'utiliser une main-d'œuvre dont l'âge et le comportement sont pour le moins hétérogènes.

Les 16 et 17 juillet 1942, l'attention de Heydrich se déplace de l'Est vers l'Ouest ; et les premières déportations de Juifs « apatrides » (soient tous ceux qui ont émigré après 1919) commencent en Hollande et dans la France occupée. Mais le 26 juillet, cas qui restera unique en Europe, la police française de Vichy arrête par surprise plusieurs Juifs résidant dans la zone qu'elle contrôle ; chargés dans des trains, ils sont transférés de l'autre côté de la ligne de démarcation pour y être remis aux autorités allemandes. Qui les déporteront à Auschwitz.

La protestation du clergé français ne tarde pas. L'archevêque de Toulouse, Jules-Gérard Saliège, envoie aux prêtres de son diocèse une lettre dans laquelle il les invite à exprimer en chaire leur désaccord. L'archevêque de Lyon, Gerlier, et l'évêque de Montauban, Pierre Marie, font de même. Dans le diocèse de Lyon, plusieurs prêtres sont arrêtés pour avoir lu la lettre de l'archevêque à leurs fidèles et pour avoir hébergé des Juifs dans les bâtiments de leur église. Le 14 juin déjà, à Vichy, dans l'église Saint-Louis, le père Dilland (qui mourra à Dachau pour avoir caché quatre-vingts enfants juifs) avait appelé les fidèles à prier pour les milliers de Français humiliés, contraints de porter l'étoile jaune. Au péril de leur vie, les curés de Saint-Lambert et de Saint-Étienne-du-Mont, à Paris, protestent. Le curé de Saint-Pierre-du-Gros-Caillou est laconique : « Mon prêche sera bref : je sais qu'il me vaudra peut-être le camp de concentration. Mais c'est mon devoir de le répéter : Pie XI a condamné le racisme. Ainsi soit-il. »

Cependant, tout le monde n'est pas d'accord ; au moment même où la lettre de l'archevêque de Toulouse arrive à ses destinataires, les évêques de Nice, de Monaco, de Fréjus, les abbés de Leyrins et de Frigolet envoient au maréchal Pétain un télégramme dans lequel ils se démarquent de ces catholiques mauvais patriotes dont l'apparente préoccupation pour les Juifs ne fait que masquer leur totale absence de fidélité au régime.

Le Vatican se tait. Le 30 juillet, Harold Tittmann, représentant américain auprès du Saint-Siège en l'absence de Myron Taylor, envoie au département d'État à Washington un télégramme informant de ses tentatives répétées d'avertir le Saint-Siège de ce que l'absence de toute protestation publique de sa part contre les atrocités nazies met en péril son prestige moral, mine la foi dans l'Église et dans la personne même du Saint-Père. Mais aucune demande d'intervention, écrit-il encore, n'a obtenu de résultat.

Nous déménageons. On est en juillet, et la journée très chaude semble se dilater dans le gris des immeubles et les bruits qui montent de la rue. La guerre a un peu changé notre vie, mais pas vraiment. Il n'y a plus ces *Fräulein* qui s'obstinaient à nous nettoyer les oreilles avec de la ouate, elles ont été remplacées par une dame roumaine, qui devrait continuer à nous enseigner l'allemand ; mais madame Olteanu préfère le plus souvent nous parler en français. Annemarie s'est mariée, dans son village elle a des enfants qui ont ses yeux couleur de ciel, à qui elle noue de petits tabliers ornés de galons fleuris. Son mari se bat quelque part en Europe.

Le soir, le couvre-feu rend la ville silencieuse et les persiennes sont fermées dès le crépuscule pour que pas un seul trait de lumière ne signale notre présence à l'ennemi. Dans l'appartement de l'autre côté de la rue, les rideaux ne laissent plus rien apercevoir. J'ai oublié le goût du chocolat et aussi des bananes, dans lesquelles j'aimais tant mordre pour mon goûter ; mais je ne connais pas encore la faim. La Millecento avec ses sièges en cuir rouge a des bonbonnes en métal sur le toit et papa ne l'utilise que pour aller au bureau. L'Astura est immobilisée dans le garage. Je viens juste de réussir mon examen de passage en cinquième année d'école élémentaire, sans que personne ne me demande de mettre un uniforme de « Petite Italienne » que de toute façon je n'ai pas.

Mais en ce radieux matin de juillet, nous déménageons, c'est un matin important. Les meubles ont déjà été enlevés et la cuisinière démontée, Italia et Letizia, accrochées aux ridelles du camion, sont parties avec nos affaires, et la tapisserie à fleurs de pêcher laisse maintenant voir à nu toutes les blessures du temps, dans le vide les bruits s'amplifient, la maison tout entière paraît vibrer, comme embarquant des vagues de chaleur et de poussière. Dans cette chaleur et cette poussière, madame Della Seta debout tient un plat en métal sur lequel est posé un poisson bouilli. Pour nous, les enfants, dans cette journée de confusion. Un bar, dont on ne sait au prix de quelles difficultés elle est parvenue à se le procurer et que nous mangerons dans notre nouvel appartement avec l'odeur des pins et le crissement des cigales. L'air qui entre par les fenêtres grandes ouvertes fait ondoyer légèrement sa jupe de soie plissée, soulève quelques cheveux gris sur son front pâle. Les traits du visage s'effacent dans la grande lumière de juillet, le contact de ses mains et le timbre de sa voix se perdent dans le grand silence qui l'entoure. C'est la dernière fois que je la vois et que je pose mes lèvres sur sa joue rugueuse.

Personne encore ne sait quelles interrogations démesurées naîtront de cette image muette, pendant qu'elle nous offre ce poisson couché entre des bouquets de persil vert. Son image s'est dissoute dans cette journée de juillet, laissant dans la mémoire une empreinte, comme si elle s'était imprimée en transparence sur une gaze sans qu'il soit possible, jamais plus, de retrouver le corps qui interceptait la lumière, ou ce mouvement quand elle s'asseyait dans le salon, le bruissement de sa jupe. Rien que ce bar au court-bouillon, ça oui par contre, dévoré pourtant en un clin d'œil, les boules blanches de ses yeux qui roulaient dans le plat.

Après nous étions passées d'une pièce à l'autre dans la nouvelle odeur d'herbe jaune de soleil, nous avions sorti des caisses les petites assiettes, la brosse et le petit miroir, les jouets fétiches que nous avions apportés avec nous dans ce nouvel appartement où les pins semblaient pénétrer dans les pièces encore immaculées. Et dans un crépuscule qui n'en finissait pas, chaud, exténuant, nous nous étions penchées par la terrasse pour regarder un des ouvriers qui avaient construit la maison arroser son jardin de guerre ; fatiguées et aussi un peu étourdies, habituées que nous étions à la grisaille et au bruit de la via Flaminia, par cet horizon nouveau de pins et de cigales, de pigeons blancs qui s'envolaient derrière le mur d'enceinte d'un couvent. L'homme puisait de l'eau avec un vieux pot de peinture qu'il plongeait dans une cuve de briques où autrefois les chevaux venaient s'abreuver, et deux gamins aux pantalons rapiécés l'aidaient à la faire couler entre les rangées de tomates. Nous les regardions en cherchant des points de conjonction, de contact comme quand deux doigts doivent se rencontrer, avec toutes ces choses nouvelles et différentes qui allaient devoir maintenant nous devenir familières. Aveugles, fermées sur la vraie signification de cette interminable journée.

Sans soupçonner que son image restée dans l'appartement vide pour garder le néant se glissait tout doucement dans notre conscience, avec ce plat en métal, cette jupe de soie plissée. Présence obstinée, incontestable, qui pose aujourd'hui encore cette question sans réponse : « Pourquoi elle ? Pourquoi cet atroce, cet interminable voyage vers la mort ? » Pourquoi ne s'est-elle pas mise en sécurité à temps, nous déchargeant de cet encombrant fardeau, nous les catholiques apostoliques et romains baptisés à Saint-Pierre ? Élevés dans l'amour du Christ, dans le souvenir de sa Passion.

Que pouvait-il bien y avoir dans la tête de ces petites filles niaises, plus si petites d'ailleurs (j'ai onze ans, ma sœur aînée en aura bientôt quatorze), qui viennent de changer de domicile et qui, en ce soir de juillet, se peignent comme des divas devant la table de toilette de leur nouvelle chambre, chacune la sienne, avec des meubles clairs dessinés par un architecte de renom ? Quoi, quelles choses demandons-nous à Dieu, si Dieu cet été-là nous écoute, nous qui le dimanche d'après nous rendons à la messe à l'église de San Bellarmino et qui offrons l'exemple d'une famille modèle, suivant avec maman et papa dans nos missels l'épître de saint Pierre : « Mes très chers frères, soyez tous unis, soyez compatissants, animés par l'amour fraternel, soyez miséricordieux, modestes, humbles… Car les yeux du Seigneur sont tournés vers les Justes et ses oreilles vers leurs prières… Et si vous avez souffert quelque chose pour la justice, vous serez bienheureux. N'ayez aucune crainte, et ne vous troublez pas si certains veulent vous nuire… » Puis, assises sur les bancs, nous écoutons le prêche qui répète les mêmes idées avec quelques variantes, des exhortations identiques qui résistent, cuirassées, à toute implication personnelle. Des mots qui naviguent là-haut sous la nef de mosaïque bleu et or comme des petits poissons dans un aquarium et vont s'y perdre dans l'ennui le plus absolu.

Toujours cette interminable année 1942. En août, Gerhard Riegner, représentant à Genève du Congrès israélite international, transmet à New York par l'intermédiaire de l'ambassadeur américain à Berne un premier document sur la

« solution finale ». Une nouvelle tentative est faite pour que le pape prenne publiquement position, mais rien n'entame le silence inébranlable de Pie XII. En août également, Kurt Gerstein, un officier allemand parvenu à s'infiltrer jusqu'au sommet de la hiérarchie SS, portant avec lui un rapport détaillé sur ce qui se passe à Auschwitz et dont il a été directement témoin, se rend à la nonciature de Berlin et demande à être reçu par Mgr Orsenigo ; mais le nonce, en apprenant qu'un militaire l'attend, fait dire qu'il ne peut pas le recevoir. Le colonel Gerstein remet alors son rapport au conseiller juridique de l'archevêque de Berlin pour qu'il le transmette au Vatican. Mission que l'archevêque Preysing s'empresse d'exécuter.

Durant ce même mois d'août, raconte *suor* Pascalina dans ses mémoires, Pie XII, en vacances à Castel Gandolfo, avait écrit une intervention très dure, à faire paraître dans l'*Osservatore Romano*, une protestation énergique dénonçant les atrocités nazies ; mais en apprenant qu'après l'intervention publique des évêques hollandais les Allemands avaient envoyé en représailles 40 000 Juifs dans les chambres à gaz, le pape avait brûlé dans la grande cheminée de la cuisine les feuillets prêts à partir. Sœur Pascalina nous le décrit, Pie XII, très pâle, pendant que le feu dévore les pages. Ce qui était écrit là, nul ne l'a jamais su, et Pie XII n'en a pas laissé de traces. Mais la première question qui vient spontanément à l'esprit est celle-ci : en août 1942, Pie XII connaissait donc l'existence des chambres à gaz et de la « solution finale » ? Si l'on en croit les mémoires de sœur Pascalina, la réponse est oui.

Première question aussitôt suivie d'une seconde. Les documents publiés ces dernières années relatent cette même affaire des évêques hollandais d'une manière différente : le 11 juillet 1942, apprenant que les Juifs allaient être déportés, les évêques catholiques hollandais, d'accord avec les représentants des Églises réformées, envoient un télégramme au gouverneur du Reich en Hollande, Arthur Seyss-Inquart. Le texte de ce télégramme est le suivant : « Consternés par les mesures prises en Hollande contre les Juifs, qui les excluent de la communauté, les Églises soussignées ont appris avec une profonde horreur les nouvelles mesures condamnant des hommes, des femmes, des enfants, à la déportation en Allemagne ou dans les pays actuellement sous son contrôle. Les souffrances qui sont ainsi causées à des dizaines de milliers de personnes, la certitude que ces mesures offensent le sens moral le plus profond du peuple hollandais et vont contre les lois divines de justice et de miséricorde, nous obligent à vous adresser un appel très pressant pour que ces mesures ne soient pas mises à exécution. Notre appel est plus insistant encore s'agissant des chrétiens d'origine juive, car une telle décision les exclut de la vie de l'Église. » Le 14 juillet, Schmidt, collaborateur de Seyss-Inquart, convoque le pasteur Dijckmeester, secrétaire par intérim du Synode général, et l'informe que ceux qui se sont convertis avant 1941 ne seront pas déportés (soient environ 1500 personnes, catholiques et protestants mêlés). Dijckmeester remercie, mais déplore que la mesure ne s'applique pas à tous les Juifs, baptisés ou non. Une nouvelle réunion se tient alors aussitôt entre catholiques et protestants, qui préparent une lettre à lire dans les lieux de culte le dimanche 26 juillet en même temps que le télégramme envoyé à Seyss-Inquart. Apprenant l'existence de cette lettre collective, ce dernier convoque Dijckmeester et lui interdit de parler du télégramme, comme de rendre public l'accord passé, lequel doit rester secret. Le 24, le Synode général se déclare d'accord pour accéder à cette demande. Mais les prêtres catholiques, eux, lisent la lettre en chaire, conformément aux premières décisions, et citent le télégramme. Le 2 août, dans un discours repris le lendemain par la presse, Schmidt déclare que, puisque le clergé catholique ne tient aucun compte des accords passés, les Allemands sont dans l'obligation de considérer les Juifs catholiques comme étant leurs pires ennemis, et doivent par conséquent se préoccuper de les transférer le plus rapidement possible à l'Est. Ce qui est d'ailleurs déjà fait, ajoute Schmidt.

Les Juifs protestants, sept cents personnes environ, sont sauvés. Pour le moment.

Après les fatigues du déménagement, comme chaque année, nous sommes partis en vacances. Même si, bien sûr, elles étaient plus courtes. Flaminia et ses parents n'ont plus autant la cote, les questions politiques ont peut-être fini par peser. Nous sommes à Rapallo et la spirale fume sur le bord de la fenêtre pour éloigner les moustiques qui montent la nuit du canal. Les soirées sont obscures mais la lune et les étoiles se reflètent dans la mer et éclairent la plage, dessinant les palmiers et les enfants qui se courent après. Nous faisons des promenades; nous sommes un petit groupe de jeunes, et nous longeons chaque soir le bord de mer jusqu'à l'endroit où, dans un virage, la route disparaît brusquement dans l'obscurité d'un jardin envahi d'arbres. Quelquefois nous chantons des chansons de soldats, comme *Giarabub*, ou *Quel mazzolin di fiori*; mais aussi de vieilles comptines de notre enfance. Au cinéma on joue *Le Juif Süss* : l'affiche montre le *giudeo*, avec sa veste élimée et son nez crochu, son « teint couleur de l'argile verdâtre des marais » comme les aime Papini. Aucun d'entre nous ne va le voir. Certaines après-midi nous louons des bicyclettes et nous pédalons sur la route qui monte vers Santa Margherita, où nous allons goûter sous l'ombre des châtaigniers, juste quelques poires ou du raisin. Derrière nous à bicyclette s'échine mademoiselle Giampietro, chargée de veiller sur nous. Nous n'en pouvons plus de ces *Fräulein* et gouvernantes, les seins commencent à tendre les tricots de mes sœurs aînées et nous voulons nous sentir libres. Alors nous la semons. Mademoiselle Giampietro nous cherche, elle nous appelle l'une après l'autre en criant nos prénoms, nous cachons les bicyclettes et dans l'ombre des châtaigniers nous rions de la voir pédaler dans tous les sens en transpirant; une automobile, parfois, lui corne derrière.

Le 14 août, l'*Osservatore Romano* évoque à sa manière le souvenir du père Kolbe : « Le père Kolbe — écrit le quotidien — qui a *silencieusement* disparu il y a un an... »

À partir du 1er octobre, dans les territoires sous juridiction du Reich, les Juifs non encore déportés n'ont plus droit à la viande, à la charcuterie, aux œufs, aux aliments à base de céréales, au lait, aux légumes ni aux fruits. En revanche, ils ont droit chaque semaine à une livre de navets par personne.

Le 8 octobre, Preysing, archevêque de Berlin, proteste en chaire contre les persécutions dont son clergé est victime. Beaucoup de prêtres sont expulsés, dit l'archevêque, de noviciats et de couvents fermés, et de nombreuses églises sont interdites au culte. Les écoles catholiques ont été supprimées et les crucifix ôtés des murs où ils étaient accrochés depuis des siècles. Mais sa protestation ne dépasse pas les limites de son diocèse. Comme une voix aphone qui ne trouverait pas de résonance pour prolonger son écho.

Le 8 novembre, les Américains, avec à leur tête le général Eisenhower, débarquent en Afrique du Nord, et les Allemands, pour éviter une fraternisation entre les Français de ce côté-ci de la Méditerranée et de l'autre, occupent alors également la zone de la France qui avait jusque-là bénéficié d'une pseudo-indépendance. Une petite partie de territoire comprise entre les Alpes et la Côte d'Azur est assignée à l'Italie. Dans la zone occupée par les troupes du Reich, selon une technique désormais éprouvée, l'arrestation de tous les Juifs a aussitôt commencé. Pour échapper à la déportation, des milliers de gens pourchassés trouvent refuge, grâce à l'indulgence des autorités italiennes locales, dans la bande étroite qui nous a été attribuée. En peu de temps, le nombre des Juifs passe de 20 000 à près de 50 000. Roethke, un des commandants en chef des SS en France, s'en plaint à Berlin le 21 juillet : « L'attitude italienne est et reste incompréhensible. Les autorités et la police italiennes protègent les Juifs par tous les moyens en leur pouvoir. La zone d'influence italienne, en particulier la Côte d'Azur, est devenue la Terre promise pour les Juifs qui résident en France. »

Cette année-là, dans son message de Noël, Pie XII mentionne pour la première fois la catastrophe qui a frappé les Juifs. Quelques lignes, à la vingt-quatrième page d'un discours qui en compte vingt-six : « Ce vœu, l'humanité le doit aux centaines de milliers de personnes qui, sans aucune faute de leur part, et parfois pour le seul fait de leur nationalité ou de leur race, ont été vouées à la mort ou à une extermination progressive. » Et le discours clôt le sujet « race » pour ne plus jamais y revenir. Pie XII, en effet, poursuit ainsi : « Ce vœu, l'humanité le doit à ces milliers et milliers de non-combattants, femmes, enfants, infirmes, vieillards, que la guerre aérienne, dont nous avons déjà dénoncé bien souvent l'horreur, a, sans distinction, privés de la vie, de leurs biens, de leur santé, de leurs maisons, des asiles de charité et de la prière… »

Il pleut et nous sommes dans la grande salle du rez-de-chaussée d'un hôtel pompeusement et improprement appelé Grand Hôtel Brusson, dans un lieu de vacances ni plus beau ni plus connu que d'autres, où court au fond de la vallée un torrent nommé Evanson. C'est l'été 1943. La faim est entrée avec violence dans nos journées, je n'ai plus de chaussures et je porte des galoches, les sabots des paysannes du coin. J'ai grandi et mes vêtements sont trop courts et trop étroits, le temps est sombre, et l'euphorie qui a suivi la chute de Mussolini le 25 juillet est passée depuis longtemps. Nous jouons à plusieurs à mimer des films, pour tromper la pluie. Il y a parmi nous un garçon qui s'appelle Emanuele Muggia, je ne sais pas d'où il vient ni pourquoi il est là, il doit être amoureux de ma sœur Teresa, j'en suis même presque sûre, tous les garçons finissent par tomber amoureux d'elle. Emanuele Muggia est juif, et son humeur revêche, sa façon d'être toujours sur la défensive, m'agacent. Il ne m'est pas sympathique. Mais je suis trop jeune, je ne compte pas vraiment, je suis godiche et un volumineux appareil à redresser les dents me fait siffler quand je parle. Avec nous il y a aussi Giorgio Boagno, il a dix-sept ans et choisira bientôt la République sociale *, et il y a aussi Paolo Spriano que tout le monde appelle Pillo. Il est

* Ou république de Salò, près du lac de Garde, gouvernement fantoche de Mussolini quand les Allemands l'eurent libéré de prison.

insolent et porte une épaisse chevelure frisée, sa petite amie est la plus jolie, et pourtant il est mal habillé et de ses chaussures de tennis il ne reste plus que l'empeigne. Paolo fera le choix inverse de celui de Giorgio Boagno, la vision de Primo Levi enchaîné, descendu de force des montagnes au-dessus de Brusson, sera pour lui déterminante.

Mais tout ceci pour l'instant est encore à venir, nous sommes dans les limbes ; Emanuele seul en est sorti, plus proche de l'enfer. Ma sœur vient près de lui et saisit entre deux doigts le revers de sa veste, elle le regarde, avec un air provocant, et ce bout de tissu elle le pince jusqu'à former comme une petite oreille de porc. Elle ne sait pas que ce geste est offensant, méprisant pour un Juif. Tiens, maintenant on dirait vraiment une oreille de petit cochon, et elle rit. En un instant le bruit sec de la gifle explose dans notre petit univers comme une boule de feu. Mais avant que quiconque ait ouvert la bouche, Emanuele est déjà sorti, claquant la porte derrière lui. Ma sœur a les yeux pleins de larmes et promène autour d'elle un regard effaré. Un des garçons ricane. C'est peut-être celui qui l'a poussée à ce geste dérisoire et cruel, qui lui a dit : Vas-y, c'est juste pour s'amuser…

Nous avons quitté Brusson pour aller dans notre maison de campagne de Mirabello dans le Montferrat, en Piémont, entassés dans l'autocar comme dans une cage à poules. Puis nous sommes montés dans un train où il n'y avait de place que dans le wagon de marchandises, où nous étions assises avec les jambes qui pendaient dans le vide. Une journée entière de voyage pour faire un peu plus de cent kilomètres. Dans la plaine c'est encore la chaleur, encore l'été, et c'est amusant de regarder dehors dans cette position insolite. Les gares succèdent lentement les unes aux autres, et à un moment, je ne me rappelle plus où, alors que nous sommes arrêtés le long d'un quai, un train passe à toute vitesse dans un grand bruit de ferraille : le train royal, qui ramène à Rome la princesse de Piémont et les petits princes.

C'est un mois de septembre plein de lumière, un soleil oblique et chaud fait mûrir le raisin dans les vignes sur les collines, chauffe la vieille porte de bois verte de la maison. Après la faim, nous avons à nouveau du pain blanc, du beurre, du lait. On a descendu nos bicyclettes du grenier et nous pédalons sur tous les sentiers poussiéreux au milieu des champs où le maïs est déjà haut, nous pataugeons dans l'eau des petits canaux le long des files de peupliers en pêchant des grenouilles qui sautent entre nos doigts, nous rions des choses les plus stupides. L'armistice est aux portes mais nous ne le savons pas, et ces jours nous semblent les premiers d'une longue saison ; jusqu'à ce qu'il soit signé, le 8 septembre 1943, un jour qui arrive sur nous comme un boomerang. Comme débusquant d'une fourmilière tranquille des milliers et des milliers de voix, d'appels, un va-et-vient frénétique, empli d'espoirs et de peurs, euphorique et sans but. Le lendemain matin, un garçon qui séjourne chez nous monte dans le premier autocar parce qu'il doit se présenter au district militaire d'Alessandria; et en l'absence d'ordres précis, il vaut peut-être mieux obéir à sa feuille de route. À onze heures, alors que des nouvelles contradictoires se croisent, l'euphorie générale a déjà connu une première débâcle. À une heure de l'après-midi, quand nous voyons déboucher dans l'allée notre malheureux invité, en sueur et bouleversé, c'est la fin. De ses bagages il ne reste plus que sa brosse à dents et il a fait près de vingt kilomètres à pied, après avoir eu la chance de traverser le Tanaro en barque. Il raconte qu'à Alessandria les Allemands tiennent les ponts et qu'à la gare ils arrêtent tout ce qui porte un uniforme, en ce moment les militaires italiens sont encerclés dans la citadelle.

Plus tard, quelques soldats en fuite viennent demander des vêtements pour pouvoir se débarrasser de leur uniforme et rentrer chez eux. Et quand le bruit se répand que les Allemands vont arriver aussi chez nous, je fais un baluchon avec mon journal et mes chaussures de tennis, qui sont mes biens les plus précieux, et je mets à l'intérieur un paquet de serviettes hygiéniques. C'est un objet de valeur aussi, même si c'est moins que les chaussures de tennis. Au coucher du soleil, deux Allemands en side-car traversent le village en trombe, et sans même s'arrêter disparaissent sur la route d'Occimiano. J'ai défait mon baluchon, un peu déçue, et papa a donné l'ordre de se préparer à rentrer tout de suite à Rome. Les Alliés ont débarqué à Salerne et il est persuadé qu'ils seront à Rome dans quelques jours (il leur faudra en réalité neuf mois). Maman avec l'aide d'Italia et Letizia a commencé à remplir une valise de poires et une autre de noix, elle a fait empaqueter des œufs et des poulets, et le roulier est venu prendre la malle. Mais mon frère ne veut pas rentrer à Rome, il dit que là-bas on mourra tous de faim. Le lendemain matin il va à la gare de Giarole pour tout annuler : départ remis. Il récupère sa bicyclette neuve, une Wolsitt argent qui allait être expédiée, et il disparaît avec dans les collines en direction de Mosa. C'est une journée sans nuages et les ombres tièdes de septembre se traînent sur le mur où les inscriptions en latin au-dessus des fenêtres invitent à la paix et au repos, et nous, assises sur les marches, nous ouvrons une dernière noix avec un sentiment soudain de précarité. Autour de nous c'est tout un fourmillement de pas, de coups de tapette à habits, d'ordres et de contrordres. Mais brusquement la colère de papa explose, froide, précise, comme celle de Dieu qui voit, qui sait et qui punit. Sur moi tombe une gifle (la seconde de ma vie) parce que je ne veux pas faire la rapporteuse et dire où mon frère s'est caché. Je ne pleure pas. On rappelle le roulier sans hurlements ni paroles inutiles, et on lui enjoint de se rendre immédiatement à la gare de Giarole pour expédier la malle. Le programme reste inchangé : départ ce soir. Et avant la nuit mon frère est de retour à la maison, mort de faim et couvert de poussière. Les raisins dans les vignes ont déjà été vendangés, et les paysans sont barricadés chez eux, il n'a rien mangé depuis le matin.

Plus tard mon frère se sauvera encore une fois.

À dix-sept ans, mentant sur son âge, il s'enrôlera comme volontaire dans l'Armée de Libération nationale. Cette fois-là aussi il rentrera trempé et déçu à la nuit, transi, affamé, après une journée de recherches fébriles de la part de mes parents. Dans la famille on ironisera longtemps sur cette seconde fugue ratée, sur le héros sans héroïsme ; mais avec le temps cet événement a pris une autre signification et m'apparaît aujourd'hui comme la seule tentative généreuse de l'un d'entre nous pour prendre sa part des souffrances et des peines communes, au sens de celles « de tous ». Une tentative, gauche et maladroite sans doute, de sortir du cercle protecteur de la famille, où tout se rassemble et se consomme à l'intérieur : valeurs, idées, sentiments. Il a senti, lui, le seul d'entre nous, le besoin de mettre sa personne en jeu. Il a essayé : en fermant sans rien dire la porte dans son dos alors que dehors il pleuvait tellement qu'on ne savait même pas s'il faisait encore jour. Cette fois-là dans ses poches il avait du pain et du saucisson mais ça n'a servi à rien.

Une charrette appelée « berline » nous a transportés à Giarole pour prendre un des derniers trains non bombardés. Une fois encore, papa a eu raison. Un peu effrayées, nous avons regardé à travers les rideaux jaunes usés la campagne déserte disparaître dans un crépuscule plein de lumière au-dessus de la silhouette lointaine des Alpes. Je ne me souviens plus du voyage jusqu'à Rome, je me souviens seulement de la vision ininterrompue de maisons éventrées, de chambres ouvertes en deux comme des pommes gâtées, qui laissaient voir la tapisserie sur les murs, parfois encore un tableau de travers, un lavabo, la hotte d'une cuisinière. Je me souviens d'une voiture vénérable dont les portes s'ouvraient directement dans les compartiments. Les arrêts interminables dans les gares, les yeux fixés sur les wagons déchiquetés ou renversés au milieu des amas de rails tordus, l'attente spasmodique de la secousse de la locomotive qui faisait repartir le train. La fumée de charbon qui avait noirci nos narines, noirci nos doigts qui s'agrippaient à la fenêtre pour regarder dehors, noirci les cols de chemisier et les mouchoirs.

À Rome, les Allemands sont partout. Après la fusillade de la porte Saint-Paul où l'on a vu quelques soldats désespérés mourir avec leurs officiers pour défendre la ville, le général Stahel s'en est rendu maître. Le jour même, Pie XII fait remettre à l'ambassadeur allemand Ernst von Weizsäcker, qui a succédé depuis quelques mois à von Bergen, un document demandant que la Cité du Vatican soit respectée, et quelles sont les mesures prévues pour sa sécurité. Un second document suit aussitôt après, déclarant que le Vatican n'a pris aucune part aux négociations pour l'armistice.

À Mirabello, les deux Allemands en side-car sont revenus et avec eux tout un commando qui s'est installé dans notre maison ; et un capitaine de la Wehrmacht dort maintenant avec sa jeune maîtresse dans le grand lit de la chambre de maman. Moi je suis tracassée parce que dans mon journal que j'ai laissé caché au-dessus de l'armoire il y a écrit : Vive Badoglio *, à bas Mussolini.

Même le couvent de la via Salaria a été réquisitionné, et dans le jardin potager où en juillet encore nous entendions la cloche sonner l'angélus, des soldats allemands en bras de chemise coupent du bois et les pigeons grattent tranquillement entre les rangées de salades abandonnées dans la précipitation. Des sentinelles mélancoliques hasardent des compliments aux femmes qui vivement passent dans le crépuscule devant l'austère portail noir. Nous avons repris l'école. Le 16 octobre est notre deuxième jour.

C'est Domenico, le concierge, qui en a informé papa : les Levi ont été emmenés par les SS ce matin à six heures. Pour les Della Seta, il ne sait rien ; ils ont quitté l'immeuble depuis quelques jours sans rien dire à personne.

Mais les Levi et les Della Seta avaient déjà pâli dans mon souvenir, et mon attention était concentrée sur ce que maman racontait à propos d'une femme qui venait d'accoucher et qui avait été obligée par les SS de monter encore en chemise de nuit dans un camion, mais au moment où on la poussait à l'intérieur, dans la confusion des ordres et des cris, elle avait jeté son enfant emmailloté dans les bras d'un passant stupéfait et terrorisé. Et

* Président du Conseil après la chute de Mussolini, c'est lui qui avait négocié l'armistice avec les Alliés.

pendant que maman raconte il me semble la voir, cette femme, désespérée et les cheveux décoiffés, comme doivent l'avoir vue ceux qui passaient par là et ont assisté pétrifiés à la scène.

Lors du recensement de 1938, les Juifs romains étaient environ 12000 (le recensement qui répertoriait 13376 « personnes de race juive » portait sur l'ensemble de la province). Au mois d'octobre 1943, il est difficile de savoir combien étaient toujours à Rome et combien y avaient afflué du Nord dans l'espoir que Rome serait plus sûre. À l'aube du 16 octobre, les Allemands réussirent à en arrêter 1259. C'était un samedi (ils choisissaient toujours le samedi, sachant qu'ils avaient plus de chances de trouver les familles réunies) et à partir de quatre heures du matin ils avaient commencé à tirer des coups de feu dans les rues du ghetto pour empêcher les gens de sortir. Tout s'est passé avec une extrême rapidité. Réveillés par des coups violents dans les portes, hommes, femmes, vieillards et enfants ont eu vingt minutes pour s'habiller et rassembler de la nourriture pour huit jours, faire un bagage sommaire et prendre l'argent qu'ils avaient chez eux (argent que les Allemands s'empresseront de leur prendre jusqu'à la dernière lire). Une opération éclair, effectuée par 365 SS arrivés la veille au soir et commandés par Theodor Dannecker, qui s'était installé dès les premiers jours d'octobre dans les chambres d'un hôtel modeste de la via Po pour étudier la situation. Sur 1250 personnes arrêtées, 237 seront libérées le soir même parce que non juives (conjoints aryens de Juifs ou nés de mariages mixtes ou ressortissants d'États neutres). Sur les 1 023 personnes arrêtées le 16 octobre, seules 17 reviendront (la 1 023e, Costanza Sermoneta, n'était pas chez elle quand sa famille fut arrêtée et, désespérée, se rendit à la gare de Tiburtina où elle obtint de monter dans le même convoi que son mari et ses enfants). Aux 1 023 déportés du 18 octobre, il faudra ajouter les 723 Juifs arrêtés à Rome pendant les huit mois d'occupation allemande qui suivront. De ceux-là, 75 seront tués lors du massacre des fosses ardéatines et 4 autres dans le camp de Fòssoli. Les 644 restants seront déportés eux aussi à Auschwitz.

Le 16 octobre, l'opération *Judenrein* s'étant déroulée, on peut le dire, sous les yeux du pape, à quelques centaines de mètres à vol d'oiseau de Saint-Pierre, l'agitation fut grande au Vatican, et le secrétaire d'État convoqua l'ambassadeur Weizsäcker. La rencontre fut plutôt amicale, et l'ambassadeur, après avoir écouté les protestations de Mgr Maglione, demanda : « Que ferait le Saint-Siège si cela devait continuer ? » La réponse fut pour le moins diplomatique : « Le Saint-Siège ne voudrait pas être placé devant la nécessité de dire son mot de désapprobation… »

Dans son livre sur les Juifs italiens sous le fascisme, Renzo De Felice raconte, à propos de ce 16 octobre 1943 : « Dès qu'il apprit la rafle, le Saint-Siège fit deux démarches semi-officielles auprès des Allemands, l'une par Mgr Hudal, recteur de Santa Maria dell'Anima, et l'autre par le père Pfeiffer [...] faisant remarquer [...] que "dans l'intérêt des relations pacifiques entre le Vatican et le commandement militaire allemand", il serait opportun que les arrestations soient immédiatement suspendues, et faisant comprendre qu'il n'était pas exclu "que le pape finisse par prendre officiellement position contre ces arrestations". Selon un document de P. Duclos, ces deux tentatives eurent le résultat escompté : le 17 octobre, Mgr Hudal était informé par le commandant allemand de Rome que Himmler, apprenant la position du Vatican, avait donné ordre de suspendre les arrestations. Pie XII ne voulut absolument pas aller au-delà de ces deux tentatives à demi officielles, ce qui suscita un certain étonnement chez les nazis eux-mêmes. Le 17 octobre, l'ambassadeur Weizsäcker, rendant compte à Berlin de la consternation soulevée au Vatican par les événements de la veille et informant des pressions qui s'exerçaient sur le pape pour le faire sortir de sa réserve, n'excluait pas que Pie XII pourrait décider de prendre position. Le 28 octobre, Weizsäcker en personne rassurait une fois pour toutes le ministère des Affaires étrangères à Berlin : "Le pape, bien que pressé, dit-on, de divers côtés, ne s'est laissé amener à élever aucune protestation contre la déportation des Juifs de Rome." »

La seule réaction officielle fut un article insipide dans l'*Osservatore Romano* des 25-26 octobre, alors que la plupart des Juifs déportés de Rome étaient morts depuis deux jours dans les chambres à gaz d'Auschwitz-Birkenau. Dans un style tarabiscoté et confus, le journal soulignait que le pape faisait bénéficier tous et chacun de sa sollicitude paternelle, sans distinction de nationalité, de race, de religion. Et que l'activité de Pie XII, incessante et multiple, s'était encore intensifiée ces derniers temps car plus grandes encore étaient devenues les souffrances de tant de malheureux.

Même s'il n'y eut plus aucun *Blitz* semblable à celui du matin du 16 octobre, la chasse quotidienne et minutieuse aux Juifs se poursuivra sans problèmes à Rome, puisque 723 d'entre eux seront encore arrêtés pendant les neuf mois d'occupation allemande. Une chasse organisée dans cette seconde phase par Hans Gasser, mais surtout par la police de la République sociale italienne.

Les institutions religieuses, laissées libres d'héberger tous ceux qui étaient en danger, ont recueilli généreusement enfants et adultes, baptisés ou non. À Rome, elles furent 155 à le faire : 55 monastères et 100 couvents. Des vivres et des vêtements arrivaient par le Vatican pour ceux qui en avaient besoin. Le cours de la guerre permettait d'imaginer une défaite proche des Allemands, faisant pencher la balance du côté des persécutés, qui seraient peut-être les justiciers de demain, mais il faut reconnaître aussi que la perspective de la défaite rendait les Allemands plus féroces encore. Les risques à recueillir des Juifs étaient réels. S'il n'y eut pas d'incidents notables, hormis l'irruption, dans le couvent de bénédictins adjacent à la basilique de Saint-Paul-hors-les-Murs, de la police fasciste qui, dans la nuit du 3 au 4 février

1944, força les portes et arrêta 64 personnes dont 9 Juifs, il reste que tous ces moines et ces religieuses qui donnèrent asile à des hôtes aussi dangereux connurent souvent de grosses frayeurs. Heureusement, le général Stahel et l'*Obersturmbannführer* Dollmann avaient suffisamment de mal à maintenir l'ordre dans la ville pour ne pas aller risquer des incidents avec le Vatican ; jusqu'à l'arrivée des Alliés en juin 1944, les Allemands ne firent aucune tentative sérieuse pour aller chercher les Juifs derrière les murs des couvents. Aucune religieuse, aucun moine, ne fut arrêté ou déporté pour avoir recueilli des Juifs, comme ce fut le cas dans d'autres pays sous domination nazie. Et pendant toute la durée de l'occupation, les automobiles portant la plaque *Città del Vaticano* circulèrent librement et sans problèmes, tandis que les sentinelles allemandes veillaient, à la demande de Pie XII, sur la sécurité du minuscule État.

Une question reste sans réponse : pourquoi les Levi, alors que les déportations sans retour étaient déjà une réalité, ne se sont-ils pas mis en sûreté plus tôt ?

La fourberie imbécile et féroce des Allemands a joué certainement un rôle dans leur malheur. Le 26 septembre 1943, Herbert Kappler, qui commandait les SS à Rome, avait demandé à la communauté israélite cinquante kilos d'or sous peine de la déportation immédiate de 200 Juifs. Cinquante kilos rassemblés au prix de grands sacrifices par des gens que les lois raciales et la misère de la guerre avaient déjà largement dépouillés, une collecte à laquelle contribuèrent également plusieurs « Aryens » qui se présentèrent à la synagogue en offrant qui une bague, qui une chaînette ou un bracelet (Pie XII accepta de prêter quinze kilos d'or, que la communauté lui rendrait quand elle le pourrait, mais ce ne fut pas nécessaire). Nombreux furent ceux, dans la communauté juive, qui pensèrent que le danger était alors écarté. Si la haine antisémite des nazis était hélas bien connue, il ne semblait pas qu'on pût s'attendre des Allemands à un comportement lâche, déloyal et sans honneur. La cruauté, oui, mais pas le manquement à la parole donnée. Les nazis se présentaient comme l'emblème d'un ordre certes aveugle et absurde, mais qui restait un ordre ; et s'ils étaient connus pour quelque chose, c'était pour leur exigence impitoyable du respect des règles. Désobéir à l'ordre qui imposait aux Juifs de déclarer tout changement de domicile pouvait être plus dangereux que le fait de chercher ailleurs un refuge précaire. Dans la communauté israélite, qu'il s'agisse des petits commerçants du ghetto ou des membres de la bourgeoisie, l'idée de légalité était très forte et s'enracinait dans la religion même. Pendant les années qui s'étaient écoulées depuis l'unité de l'Italie, cette idée, au lieu de s'affaiblir, avait été encore renforcée chez des gens qui tenaient à prouver leur sens de la déontologie professionnelle. Et les petits commerçants, qui devaient leur subsistance au respect des règles envers la clientèle, furent les victimes les plus nombreuses de ce 16 octobre 1943.

Pour en réchapper, il aurait fallu avoir une « malignité de plus ». Que les Levi n'ont pas eue.

Mais l'idée me vient parfois qu'il y a une autre raison. Je pense à nous et à notre appartement qui ouvrait sur les pins dans le silence du soir, ce potager abandonné par les sœurs où nous regardions les Allemands fendre du bois. À mon père qui avait fermé ses bureaux en septembre 1943 pour ne pas collaborer avec les Allemands et qui passait l'après-midi dans une vieille robe de chambre de maman à talquer des dizaines de feuilles de timbres. Une manière comme une autre de mettre à l'abri une partie de ce patrimoine que l'inflation érodait très vite. Après le couvre-feu nous, les filles, étions priées d'apporter notre contribution, et les feuilles aux bords dentelés s'empilaient sur la table tandis que l'image de notre roi, en fuite à Brindisi, se répétait à l'infini au milieu des nuages de talc : vert pâle, marron, amarante.

Neuf mois à attendre ces soldats fantômes, anglais, américains, sud-africains, marocains, polonais, canadiens, toujours proches et toujours lointains, qui nous envoient à travers les ondes des messages enfantins rassurants : « Les pâtes sont cuites », « Luigi a perdu son cahier », « Les pommes sont mûres. » Et dans les belles journées nous pouvons entendre, portées par le vent du Sud, les explosions sourdes, intermittentes, de leurs canons enlisés dans la boue des marais pontins.

L'après-midi, papa voulait que je fasse au moins une demi-heure d'exercices au piano avant d'aller jouer sur les pelouses devant la maison. Je posais un livre sur le pupitre du piano et pendant toute cette demi-heure, mes mains se promenant toujours sur les mêmes notes, je tournais l'une après l'autre les pages du roman sur lequel mes yeux restaient fixés ; probablement sans rien y comprendre. Juste pour affirmer mon indépendance. Et aussitôt après je me précipitais dans les escaliers retrouver mes nouvelles amies : c'était pour moi une période fantastique, même si mon estomac était toujours insatisfait et que les engelures me piquaient les mains et les pieds. Par crainte des bombardements, les bonnes sœurs nous faisaient quitter l'école au milieu de la matinée et maman passait ses journées à s'escrimer à la multiplication des pains et des poissons, talonnée par notre faim vorace et insatiable. Madame Olteanu était restée, mais les difficultés à se déplacer d'une zone à l'autre dans la ville avaient réduit ses visites à deux après-midi par semaine pendant lesquelles, aussitôt après le repas, elle m'emmenait faire une promenade dans la via Salaria. Nous parlions en français, langue qu'elle préférait à l'allemand, et tandis que nous longions le mur d'enceinte de la Villa Savoia sur lequel un avis de Kesselring promettait la mort à tous ceux qui refuseraient de servir la République sociale, elle me racontait sa jeunesse. Nous marchions longtemps, son pas décidé de vieille jeune fille résonnait dans la rue à moitié déserte le long des hautes murailles ébréchées, des grilles rouillées et toujours fermées, et pour le temps bref d'une promenade elle oubliait la faim et les humiliations, la torture de savoir ses enfants disparus quelque part en Europe. Et quand la via Salaria se perdait dans la campagne par l'entrelacs de sentiers solitaires descendant vers l'Aniene, ses yeux sombres, sous le turban qui glissait sur son visage amaigri, étincelaient au souvenir des grands et nobles sentiments, des notes de piano et des couchers de soleil sur la mer Noire, flamboyants et si doux.

Pour le reste, c'était finalement comme si on avait dit « pouce ! » Je pouvais ne pas me laver, ne pas me peigner, traîner jusqu'à l'heure du couvre-feu et lire pendant des heures pelotonnée dans un fauteuil. J'avais même cessé de me déshabiller pour me mettre au lit, et j'enfilais mon pyjama par-dessus ma combinaison sans même ôter mes chaussettes, si bien que le lendemain matin je me levais au dernier moment et en trois minutes j'étais prête, le cartable à la main. Le soir, toute la famille à genoux dans la chambre de maman devait réciter le rosaire, avec ce talc qui continuait à flotter autour de nous, collé aux vêtements, aux cheveux, aux semelles des chaussures. J'avais sommeil et mes yeux se fermaient, les mystères joyeux, douloureux et glorieux s'égrenaient dans le silence profond qui descendait avec la nuit ; le rare crissement des pneus d'une voiture, le sursaut d'une plaque d'égout. Le sifflement d'un train au loin.

Qu'attendaient-ils de nous, les Della Seta ? Monsieur Levi, l'ingénieur, et ce garçon qui aimait jouer Chopin ? Ils n'avaient pas compris que l'inimaginable pouvait devenir réalité, parce qu'obscurément, fatalement, *à eux seuls* réservé. Eux, les coupables sans faute. Ils auraient dû savoir que dans les négociations diplomatiques du Vatican pour essayer de reprendre aux Allemands une part de leur butin humain, tous les efforts se concentraient sur ceux qui avaient reconnu le « déicide », ceux qui s'étaient « lavés de la faute » et qui avaient penché la tête sous l'eau du baptême. Et que les Juifs qui « s'obstinaient à ne pas se convertir » deviendraient tôt ou tard les victimes de leur propre orgueil et de leur persévérance dans l'erreur. Un destin douloureux et inéluctable les séparait de *nous.*

Ainsi en allait-il dans les « hautes sphères ». Car dans la rue les choses se sont passées différemment. Il y eut ceux qui tournèrent le dos avec une indifférence obtuse, et ceux qui les trahirent et les vendirent pour cinquante mille lires, somme versée par les Allemands pour chaque Juif adulte dénoncé ; pour une femme, le prix descendait à trois mille lires, et à mille pour un enfant. Mais il y eut aussi ceux qui, sans réfléchir un seul instant, risquèrent leur vie pour les sauver.

Je connais aujourd'hui des histoires magnifiques de gens qui ont caché des familles entières, partageant pendant des mois la pauvre et maigre nourriture des cartes d'alimentation, sentant leur sang se glacer à chaque coup de sonnette inhabituel. Mirella Calò était une petite fille de quatre ans, avec trois sœurs à peine plus âgées. L'après-midi du 15 octobre, Romolo Balzani, un chanteur des rues de leur quartier, avertit le père de Mirella, qui tenait un magasin de récupération automobile dans la via del Pellegrino, que des rumeurs circulaient au commissariat, disant que les Allemands viendraient prendre les Juifs dans la nuit. Le père baissa le rideau de son magasin et courut chez lui, dans le quartier du Testaccio. Il n'avait pas le téléphone, et avertit comme il put quelques parents. Sa femme mit à ses petites filles deux petites culottes, plusieurs pull-overs l'un par-dessus l'autre et leurs manteaux, et quitta l'appartement sans toucher à rien. Il était déjà tard, les rues se vidaient, et le père, ne trouvant pas de meilleure idée, les emmena toutes les cinq au bordel de la via del Pellegrino, dont la tenancière avait dit qu'elle pourrait les héberger pour une nuit dans sa cave. Puis il chercha à se mettre en sécurité en se sauvant dans la campagne.

Mirella, sa mère et ses sœurs sont restées huit mois dans cette cave. Elles ne sortaient que le soir dans la cour, après le couvre-feu. Quand tous les clients étaient partis, « madame » ou « monsieur Adolfo » leur descendaient à manger. Durant la journée, personne ne pouvait souffler mot ni faire le moindre bruit dans la cave, à cause des allées et venues incessantes dans l'escalier, y compris de soldats allemands ; et pour distraire ces quatre petites filles condamnées au silence, « monsieur Adolfo » descendait quelquefois jouer aux cartes avec elles. C'est ainsi qu'à quatre ans Mirella Calò connaissait tous les jeux de cartes.

La tante de Mirella, Elisabetta, habitait elle aussi le quartier du Testaccio. Avertie par son beau-frère, elle sortit dans la rue, habillée comme elle était, avec ses trois enfants et son sac. C'était juste avant le couvre-feu et, prise de panique, elle monta dans un taxi. Quand le chauffeur se retourna pour lui demander où il devait l'emmener, elle répondit : « Qu'est-ce que j'en sais moi, je suis juive et il y a les Allemands qui viennent nous prendre. » Le chauffeur de taxi devint tout pâle : « Oh, Sainte Vierge, et j'en fais quoi moi de ceux-là ? » Mais après un moment de terreur où ils restèrent à se regarder, aussi affolés l'un que l'autre, l'homme démarra et les emmena tous les quatre chez lui, où il vivait avec sa femme et ses deux enfants. Et ils restèrent là eux aussi pendant huit mois, entassés les uns sur les autres dans deux pièces, mangeant le peu de nourriture que la femme d'Ermete, le chauffeur de taxi, réussissait à se procurer.

Dans la via degli Scipioni, à l'angle de la via Leone IV, où la rue perd son caractère bourgeois avec jardins et orangers pour devenir une rue de boutiques et d'immeubles humbertiens*, se trouve au n° 35 une de ces habitations collectives à plusieurs entrées, où vivait la famille Sermoneta : le père, la mère, le grand-père, et Rosetta, alors âgée de dix-sept ans. Le matin du 16 octobre, à sept heures, la concierge accompagna deux SS jusqu'à leur porte. Comme tous les quatre s'habillaient, essayant d'enfiler le plus de gros vêtements possible, un des SS, jugeant que

* Construits sous le règne d'Umberto Ier d'Italie (1844-1900).

tout se passait désormais de manière « régulière », s'en alla, après avoir coupé les fils du téléphone et crevé les pneus de la bicyclette. La mère eut le temps de rassembler dans une valise sa plus belle lingerie et de la confier à des réfugiés qui habitaient l'appartement d'à côté. Puis, devant l'autre SS qui braquait son fusil sur eux, ils descendirent tous les quatre dans le hall de l'immeuble avec les quelques bagages qu'ils avaient le droit d'emporter. Le camion n'était pas encore arrivé, l'air était humide, il faisait froid et une petite bruine tombait, quelques épiceries avaient déjà levé leur rideau de fer et une petite queue s'allongeait devant le vendeur de fruits et légumes. Rosetta eut la permission d'aller chercher du pain à la boulangerie au coin de la rue et revint ensuite devant le porche de l'immeuble où ses parents et son grand-père attendaient. Dans l'intervalle, quelqu'un qui passait dans la rue s'était approché de ces trois personnes attendant avec leurs valises et surveillées par un SS au fusil braqué. Il n'était pas difficile de comprendre ce qui arrivait. Tout le monde, dans la via degli Scipioni, connaissait les Sermoneta, Rosetta était née dans cette maison, et tous les matins, jusqu'à ce que les lois raciales les séparent, elle avait fait le chemin de l'école avec la fille du boulanger du coin de la rue.

Le camion tardait ; au bout d'un quart d'heure, les deux ou trois personnes qui s'étaient d'abord approchées étaient devenues un petit groupe auquel ne cessaient de s'en ajouter d'autres. Le SS avait alors poussé les Sermoneta plus loin dans la rue, leur faisant tourner le coin de la via Leone IV, espérant que le camion finirait par arriver. Mais le groupe qui s'était formé devant l'entrée de l'immeuble les avait suivis, et tandis que le soldat allemand continuait à faire avancer les Sermoneta qui portaient leurs valises, le groupe ne cessait de grossir et de se rapprocher. Agglutiné autour d'eux, il avait traversé avec eux le viale Giulio Cesare pour tourner ensuite dans le viale delle Milizie sous les grands platanes jaunis par l'automne. D'autres gens s'approchaient, quelqu'un disait : « Allez-y, sauvez-vous ! » mais les Sermoneta n'en avaient pas la force. Soudain une petite fille attrapa Rosetta par la manche : c'était la fille de la dame qui tenait l'étal de légumes dans le viale Giulio Cesare. Elle l'entraîna de force sous un porche de l'autre côté de la rue mais la concierge effrayée les en chassa, disant : « Non, non, pas ici. » Pendant ce temps la petite foule anonyme avait encerclé le SS, et la mère de Rosetta lâchait sa valise et laissait glisser à terre le lourd manteau qui gênait ses mouvements. En un instant, père, mère, fille et grand-père tournaient à gauche dans la première rue transversale puis encore à droite dans la via Giovanni Bettolo, où ils entrèrent sous le premier porche qu'ils virent devant eux. Ils étaient en train de descendre dans la cave quand quelqu'un les appela d'en haut : un taxi dont le moteur tournait les attendait dans la rue. On ne sut jamais qui l'avait appelé, ni d'où il venait. Les Sermoneta étaient trop terrorisés pour poser des questions ; le père donna l'adresse du domicile de son coiffeur sur la piazza in Lucina, qui lui avait dit depuis longtemps qu'il pourrait l'aider.

Rosetta et sa mère restèrent quelques jours chez le coiffeur, dans le quartier du Testaccio, pendant que son père et son grand-père étaient hébergés par le curé de Sainte-Marie-Libératrice. Par la suite, ils changèrent souvent, séparément, de refuge et Rosetta habita plusieurs mois dans un couvent des Filles de la Charité de la piazza dei Quiriti dont la mère supérieure, cette *suor* Marguerite Bémes dont l'État d'Israël perpétue aujourd'hui la mémoire parmi les Justes, cachait depuis longtemps déjà des Juifs. Quant au SS, en larmes, il revint via degli Scipioni et sonna à la porte de l'appartement des réfugiés, en face de celui des Sermoneta, causant une grande panique : il voulait absolument prendre au moins la jeune fille, qui avait à peu près l'âge de Rosetta.

Au Danemark, sur 5 600 Juifs, les Allemands n'ont pas réussi à en déporter plus de 513. Les victimes potentielles furent prévenues à temps, et les Danois se mobilisèrent en masse pour les mettre à l'abri de l'autre côté du bras de mer qui sépare le Danemark de la Suède. Toutes les embarcations susceptibles de flotter furent mises à contribution. Et la Suède accueillit tous ces Juifs, sans limitation de nombre.

« Discriminer sans persécuter. » Comme le fil est subtil pour séparer les hommes entre les bons et les méchants. Entre les innocents et les coupables. Si d'autres veulent ensuite les « persécuter », c'est eux, les bourreaux, que cela regarde. Ponce Pilate ne s'était-il pas lavé les mains, montrant ainsi qu'il était innocent de la mort du Christ ?

Ça fait mal de le dire, mais un liseré noir borde nos jours innocents, sans mémoire et sans histoire. Si les Levi ne se sont pas défendus, s'ils n'ont pas pu imaginer l'inimaginable, c'est aussi parce qu'ils se sentaient, à l'instar des autres Romains, protégés par le fait que Rome soit une « ville ouverte ». Ils avaient trop longtemps partagé avec *nous* les jours tristes et les jours heureux, les peurs, les lâchetés, les espoirs. Ils avaient monté les mêmes escaliers, bu le même thé en tournant la petite cuillère dans la tasse, et parlé la même langue : au sens linguistique, mais aussi le même langage des sentiments. Trop longtemps pour qu'ils puissent se percevoir *autres*. Comment imaginer cette solitude monstrueuse devant les SS, ces ordres qui, d'une voix étale, en vingt minutes, les avaient rayés de l'*humano genere* ?

Personne n'a trouvé le courage qui aurait pu empêcher les hommes de Dannecker de faire résonner leurs bottes dans l'escalier du 21 via Flaminia et de faire irruption chez les Levi. Personne n'a arrêté les camions qui s'éloignaient en emportant des hommes et des femmes, des enfants violemment arrachés au sommeil. Pie XII, hiératique et vêtu de blanc comme il était apparu au milieu de la foule le jour du bombardement de San Lorenzo, ne s'est pas montré à la gare de Trastevere pour se placer devant le convoi stationné le long du quai et empêcher son départ. Les wagons ont été plombés, et le train est parti sans incidents, le sifflement de la locomotive le long de la via Salaria.

Pie XII est resté derrière les vitres de sa chambre où les canaris Hänsel et Gretel font de brèves envolées. Ni mon père ni ma mère, qui sans aucun doute ont éprouvé de la pitié pour le sort des Levi, n'ont oublié pour un seul jour les feuilles de timbres et la viande, le pain, les œufs. Et le soir du 15 octobre, l'élève de seconde année de collège qui deviendra l'auteur de ces lignes, appelée pour venir réciter le rosaire, avait soufflé d'ennui comme tous les autres soirs, laissant ses paupières retomber pendant qu'elle psalmodiait les *Ave Maria* et les *Pater noster* ; sans penser un instant à supplier son Dieu, qui était aussi celui des Levi et des Della Seta, pour qu'il envoie l'Ange exterminateur à leur secours. Sans ressentir aucune envie de crier ni de faire quoi que ce soit pour ce garçon au regard joyeux qui sonnait à la porte, le ballon de cuir serré sous son bras. Sans s'inquiéter du sort de cette dame aux cheveux gris qui entrait dans la pénombre de la chambre tapissée de vert semblable à une forêt, où je disparaissais, brûlante de fièvre, dans le grand lit. Madame Della Seta s'asseyait pendant que maman restait debout derrière elle, les bras posés sur le dossier de la chaise, et elles souriaient toutes les deux, contentes de me voir réémerger de sous les draps pour déballer impatiemment mon cadeau.

Les pensées de cette petite fille qui n'en est plus une (je mesure maintenant un mètre soixante, et je chausse du 38) ne sont pas très différentes, pendant cette soirée d'octobre, de ses pensées habituelles, occupées pour l'essentiel par les petits mots qu'elle échange par le balcon avec les petites Calcagno à l'étage en dessous, grâce à un système de poulies et de ficelles.

Je ne sais pas ce qui est arrivé à Emanuele Muggia, après le 8 septembre 1943. Nous ne l'avons pas revu. Quand nous avons quitté Brusson à la fin du mois d'août, il n'y était déjà plus. Son nom, heureusement, ne figure pas parmi ceux des victimes que répertorie le *Libro della memoria* de Liliana Picciotto Fargion, qui a essayé, du moins dans leurs grandes lignes, de reconstituer patiemment les destins particuliers de ces Italiens assassinés parce qu'ils appartenaient à la « race juive ». Je suppose qu'il en a réchappé, en tout cas je l'espère, puisque cette liste est, par la force des choses, incomplète. Mais je connais bien l'histoire du « fils Levi », parce qu'à la suite d'une de ces circonstances inattendues qui ouvrent brusquement une fenêtre sur l'Histoire, j'ai pu la voir se dérouler à travers les yeux d'une jeune fille qui était avec lui le matin où ils sont venus le prendre. Une sorte de « cousine-sœur », puisque leurs parents respectifs étaient deux sœurs mariées à deux frères.

Alberta, c'est ainsi qu'elle s'appelle, avait alors vingt-quatre ans. Elle venait d'arriver de Ferrare à Rome avec sa famille. Quelques jours plus tôt, un soldat allemand accompagné d'un petit commissaire fasciste les avait tous réveillés en pleine nuit, perquisitionnant la maison, fusil braqué, à la recherche du grand-père, au nom duquel était la ligne de téléphone. C'est Alberta elle-même qui raconte les événements de ce matin-là : « Mon oncle Mario, dans une lettre qu'il nous avait envoyée après le 8 septembre [la signature de l'armistice], avait beaucoup insisté pour que nous allions à Rome. Il avait eu un entretien avec Dante Almansi, à l'époque président de la communauté juive italienne, qui avait suggéré de faire descendre notre famille du nord de l'Italie jusqu'à Rome, toujours dans l'idée fausse que Rome était une ville ouverte, et que les Alliés y seraient très vite.

« Nous étions arrivés le 12 octobre, avec très peu d'affaires personnelles, pour ne pas attirer l'attention. Nous n'avions pas de valises ; dans nos sacs à main, nous avions mis un peu de lingerie, et chacune de nous avait au bras son manteau d'hiver, avec des robes et des pull-overs enfilés à l'intérieur des manches et attachés avec des épingles pour qu'ils ne tombent pas. Chez notre oncle, il n'y avait pas beaucoup de place, et il fut donc décidé que dans un premier temps mon père irait dormir dans une pension tenue par madame Mortara sur la piazza Fiume. Un grand lit fut installé dans la chambre de mon cousin Giorgio, pour maman, ma sœur Piera et moi ; Giorgio dormirait dans la chambre de bonne. Aussitôt après notre arrivée nous avons commencé à chercher du travail pour Piera et moi. Nous avons trouvé tout de suite des leçons particulières, mais ce que nous voulions, c'était trouver une occupation à plein temps, sans salaire en argent, pour résoudre le problème de nourrir tout le monde sans cartes d'alimentation et parce que nous pensions qu'en étant séparés ce serait plus facile pour nous de nous fondre dans la foule. Le soir du 16, au dîner, nous apportions le résultat de nos recherches… J'avais trouvé une dame, une amie d'une amie, qui était immobilisée au lit avec une phlébite et qui aurait été contente d'avoir une aide à temps plein pour tenir sa maison. La tante Alba, qui était en général assez pessimiste, était tout animée et prête à reprendre espoir. Elle était allée l'après-midi chez une de ses amies pour lui souhaiter sa fête, et lui offrir une cachette de jour chez elle, pour son fils qui était officier et avait abandonné l'uniforme après le 8 septembre. Se cacher, c'était un souci réservé à la journée, parce que la nuit il y avait le couvre-feu et personne ne sortait. Moi j'écoutais, éberluée ; puis, quand j'ai raconté le résultat de mes recherches, je l'ai été encore plus ; la tante Alba a été intraitable : “Tant que cette maison existe, tu n'iras faire la bonne chez personne ; n'accepte que les leçons particulières.” Je note cela pour donner une idée des illusions que beaucoup de gens se faisaient encore, le 15 octobre 1943. La peur qu'on avait, chez les Juifs, c'était pour les hommes, et mon oncle Mario, le matin, dès la levée du couvre-feu, sortait pour se promener à travers la ville le plus longtemps possible, on pensait que ça n'allait pas durer longtemps, que les Alliés allaient arriver. Je me souviens de ce dîner, le dernier : la tante Alba, toujours à cheval sur la santé, qui calculait combien de calories nous avions avalées et décidait que nous devions encore manger une noix pour atteindre le coefficient nutritif nécessaire. Je me souviens de Giorgio qui jouait au piano une valse de Chopin pendant que nous, les filles, nous remettions la salle à manger en ordre. Ce sont les derniers souvenirs que j'aie de mon cousin-frère, ses belles mains sur le clavier et son grand sourire. Nous sommes allés nous coucher, ignorant la tragédie qui se préparait. À six heures du matin, les SS ont sonné à la porte : je l'ai compris au coup de sonnette qui m'a réveillée en sursaut à une heure inhabituelle, et sans hésiter un seul instant je suis descendue du lit en chuchotant à maman et Piera : "Je ne supporte pas d'entendre ces pas encore une fois", et je suis allée sur le balcon. Ce pas du bourreau, qui avait profané notre maison de Ferrare, a décidé à ce moment-là de ma vie. En chemise de nuit, je me suis plaquée contre le mur, l'oreille vers la fente de la porte-fenêtre pour écouter à l'intérieur. Mais que se passait-il donc ? Une voix rauque qui disait "*Kommt ! Kommt !*" ; et puis tout de suite après la fenêtre derrière moi que quelqu'un fermait de l'intérieur : maman voulait que moi, au moins, je sois sauvée. Les voix m'arrivaient plus étouffées ; j'entendis ma mère crier : "Mon Carlo, je ne le reverrai plus jamais !" Et puis la voix surexcitée de tante Alba : "Non, je ne prendrai pas ma fourrure, nous n'allons tout de même pas au théâtre !" Je ne pouvais pas ne pas comprendre, mais mon cerveau et mes membres étaient paralysés. Il me semble voir encore, dans l'immeuble d'en face, une fenêtre qui s'ouvre et une femme qui, ignorant ce qui arrivait, secoue son chiffon par la fenêtre ; et en bas, devant le marchand de tabac, une file de personnes qui se forme, attendant l'ouverture du magasin pour acheter des cigarettes avec leur carte. Mes yeux voyaient tout cela pendant que mon cœur et mes oreilles essayaient de percevoir tous les bruits qui venaient de l'intérieur. Le balcon où je me trouvais était long et étroit, avec deux accès : celui par lequel j'étais sortie et l'autre par la cuisine, qui avait été fermé pour la nuit. À un moment j'ai entendu qu'on l'ouvrait, mais personne n'est sorti. La voix de l'Allemand est devenue plus distincte, il continuait de dire "*Kommt ! Kommt !*" ; puis le bruit de la porte d'entrée qui se ferme et, se découpant dans le silence, celui de plusieurs tours de clef. Et puis plus rien. J'ai attendu encore, je ne sais pas combien de temps, peut-être quelques instants seulement ; le temps n'avait plus aucune valeur pour moi ; puis, par la porte-fenêtre de la cuisine (j'ai su ensuite que c'était mon cousin Giorgio qui l'avait ouverte pour moi, devinant où j'étais cachée), je suis revenue dans l'appartement vide où régnait un désordre indescriptible. Il ne s'était écoulé qu'un quart d'heure, le plus long de toute ma vie, et dont plus le temps passe, plus j'ai honte. J'ai couru jusqu'à la porte : elle était fermée à double tour et ne pouvait s'ouvrir qu'avec la clef. Je voulais sortir tout de suite, croyant que les Allemands allaient revenir piller l'appartement. Je suis revenue dans la chambre où j'avais dormi et j'ai commencé à nouer des draps pour descendre par le petit balcon où je m'étais cachée jusqu'à la grande terrasse en dessous. J'étais toujours en chemise de nuit, il fallait que je m'habille. Au milieu de mes vêtements, posés la veille sur une chaise, je trouvai les clefs de la maison. La tante Alba, pendant ce dramatique quart d'heure, avait eu le temps de penser même à ça... Ce n'était plus la peine de nouer des draps, je pouvais sortir, et vite, vite partir à la recherche de mon père. Quand je fermai la porte derrière moi, celle de l'appartement d'en face s'ouvrit, sur le même palier. Le baron et la baronne Sava, réveillés par ce bruit inhabituel, avaient regardé par le trou de la serrure, impuissants, l'arrestation, et quand ils m'ont vue seule, ils ont ouvert grand leur porte pour me porter secours. J'ai seulement demandé à pouvoir téléphoner à mon père et je lui ai dit qu'il devait partir immédiatement, que je le rejoindrais. Il n'a pas compris, comment aurait-il pu ? Il a cru que quelqu'un nous avait prévenus nous aussi de partir. Il est parti mais ne m'a pas attendue. Mon hôte a voulu falsifier mes papiers d'identité, par précaution : de Levi, je suis devenue Levigati, et il m'a expliqué comment aller jusqu'à la piazza Fiume en tram. Arrivée devant la pension, je n'ai pas vu mon père. Je suis montée et j'ai appris par madame Mortara qu'il était allé via De Pretis, chez un de ses vieux compagnons d'armes de la guerre de 15-18 qui lui avait proposé de travailler avec lui. Il était sept heures et quart. J'ai raconté la tragédie en quelques mots à madame Mortara, et je l'ai suppliée de partir elle aussi tout de suite de chez elle, comme je le lui avais d'ailleurs déjà dit au téléphone. Elle m'a répondu : “J'ai plus de quatre-vingts ans, qu'est-ce qu'ils feraient de moi ?” Mais elle m'a écoutée, et elle est partie juste à temps parce qu'à neuf heures ils ont aussi frappé à sa porte. Je suis repartie, à pied cette fois, pour aller via De Pretis, sans savoir exactement l'adresse ni pouvoir me souvenir du nom de l'ami de papa. Je me souvenais seulement qu'il avait une fille unique de quatorze ans qui s'appelait Nanù. Mes jambes avançaient toutes seules, mais quand au coin de la via Quattro Fontane j'ai demandé mon chemin à quelqu'un, je me suis aperçue que ma voix ne sortait pas. Je me souviens du regard étonné de la dame à qui je m'adressais, sans pouvoir parler. Je suis passée devant le Viminal où des camions vides, avec juste quelques SS à bord, étaient en train de démarrer. Je me disais qu'ils partaient peut-être faire d'autres rafles. Arrivée finalement dans la via De Pretis, j'allais entrer sous le premier porche pour demander au concierge si une petite fille de quatorze ans du nom de Nanù habitait là, quand je me suis trouvée face à mon père. J'ai eu encore la force de répondre à son sourire étonné. Il attendait pour voir son ami. Je lui ai dit qu'il fallait monter. “À huit heures du matin ? Mais on ne peut pas déranger les gens à cette heure-là !” Il a vu que j'étais terrorisée et il m'a suivie. Quand enfin la porte de l'ascenseur s'est refermée, pendant que nous montions au dernier étage, l'effroyable vérité est sortie, et en la disant, je la sentais devenir réalité dans mon esprit : “Nous sommes seuls, il n’y a plus que toi et moi.” »

Les Levi, qui furent arrêtés par les Allemands au 21 via Flaminia, furent emmenés au collège militaire de la via della Lungara, où les grandes salles vides se remplissaient peu à peu des gens arrêtés le matin. Mais Piera et sa mère n’étaient pas répertoriées sur les listes des Juifs de Rome, et quand une voix annonça : « Tous les catholiques de mariage mixte doivent passer dans une autre pièce », bien que la voix eût ajouté aussitôt que pour chaque personne qui tenterait indûment de se faire passer pour catholique, dix Juifs seraient immédiatement tués sur place, elles se laissèrent convaincre par la tante Alba de s’avancer. En attendant d’être interrogées, la mère et la fille accordèrent leurs réponses. Piera alla dans les cabinets en espérant pouvoir y jeter leurs papiers d’identité mais les toilettes étaient bouchées, si bien qu’après avoir tout déchiré en petits morceaux elle dut tout avaler, noms et photos. À Dannecker qui les interrogea l’après-midi par l’intermédiaire d’un prisonnier bilingue, elles racontèrent qu’elles étaient de Bologne et avaient tout perdu, même leurs papiers, dans le terrible bombardement du 25 septembre qui avait presque entièrement détruit la ville. Elles déclarèrent qu’elles étaient catholiques, la mère, aryenne, et elle, Piera, sa fille née de mariage mixte ; elles étaient à Rome parce que, n’ayant plus de toit, elles avaient demandé l'hospitalité à la famille de leur mari et père respectif.

On les crut. Elles abandonnèrent en hâte la valise avec les quelques objets rassemblés dans la panique du matin et se retrouvèrent dans la rue, épuisées par l'angoisse, peu avant le couvre-feu. Elles eurent le temps de revenir jusqu'à la maison de l'ex-camarade de guerre du père où elles retrouvèrent Alberta, et y restèrent quelques jours, jusqu'à ce qu'elles réussissent à se procurer de faux papiers d'identité.

J'ai longtemps cherché à savoir quel avait été le sort de madame Della Seta. Personne n'était jamais revenu, et l'appartement de la via Flaminia avait été vendu, un grand nombre de Della Seta avaient été déportés à Auschwitz et j'ignorais son prénom. Puis, enfin, alors que je n'y croyais plus, je l'ai retrouvée. Pendant ce mois d'octobre 1943, Eva Della Seta s'était réfugiée avec son frère dans une villa qu'ils possédaient à Chianni, dans la province de Pise, où ils avaient été rejoints par d'autres membres de la famille. Huit personnes en tout, dont un garçon de seize ans. Quelqu'un dans le village les a dénoncés, ou peut-être vendus, pour empocher ces quelques milliers de lires que valaient leurs vies. Il n'y a pas de survivant pour raconter. Le 20 avril 1944, sans doute à l'aube, ils ont été arrêtés et emmenés dans une prison à Florence. De Florence, à une date non précisée, ils ont été transférés au camp de concentration de Fòssoli, dans la province de Modène, où madame

Della Seta, le 10 mai, a eu cinquante-neuf ans. Le 15, le commandant du camp, Karl Titho, a donné l'ordre aux détenus de se préparer à quitter Fòssoli le lendemain matin : « L'ordre de départ est enfin arrivé, vous partez travailler en Allemagne pour le grand effort allemand, pour la victoire finale… »

Le train, constitué d'un grand nombre de wagons de marchandises où l'on avait jeté de la paille, a quitté Florence le 16 mai. C'est Keller, un des gardes de la *Ordnungspolizei* qui accompagnait le convoi, qui raconte le voyage, dans un extrait de la déposition qu'il a faite au procès de Friedrich Bosshammer, *Sturmbannführer* responsable des déportations au départ de l'Italie :

« À Munich-Est, le convoi fit pour la première fois un arrêt assez long. Nous avions voyagé douze à seize heures sans interruption… les occupants des wagons furent descendus à tour de rôle, wagon par wagon, pour faire leurs besoins. Ils étaient obligés de les faire sur les rails, qui, à la fin, étaient complètement souillés… à Munich-Est on distribua également, pour la première fois, des vivres… Après Munich, cette même distribution eut lieu encore une ou deux fois. Par la suite, aux *Frontleitstellen*, de la soupe chaude fut fournie et distribuée dans les wagons. Mais ils ne pouvaient faire leurs besoins que pendant les arrêts, et il y en avait souvent, au moins une fois par jour. De Munich nous reprîmes notre voyage le lendemain matin seulement, passant par Landshut, Marienbad-Aussig et Breslau. Les arrêts les plus longs où nous pûmes faire sortir les Juifs furent près de

Breslau et près d'Auschwitz. Jusqu'au déchargement à Auschwitz, le voyage avait duré au moins quatre jours [en réalité, cinq]... Quand nous arrivâmes aux environs d'Auschwitz le passage était encombré par d'autres convois. Nous restâmes toute la nuit devant la rampe de déchargement du camp avant de pouvoir y accéder. Le train resta sur la rampe un jour entier et une nuit avant d'être déchargé. Nous, c'est-à-dire le *Begleitkommando*, nous avions tout le temps de voir décharger les autres trains et d'observer toutes les procédures qui suivaient le déchargement. C'étaient des trains de Juifs qui venaient de Hongrie et de Hollande. Les fenêtres des wagons de marchandises étaient fermées par du barbelé. Les occupants devaient avoir effroyablement soif car je les vis tendre les mains à travers les barbelés pour attraper les gouttes de pluie — il faisait un temps infect — qui tombaient du toit.

« Notre *Transportführer* attira notre attention sur les procédures utilisées après le déchargement des trains : il était littéralement horrifié et il disait que c'était une énorme saloperie. Je vis alors que les occupants d'un convoi provenant de Hongrie étaient tirés des wagons par des internés du camp armés de gourdins qui, pour certains d'entre eux, jetaient littéralement dehors les vieillards et les enfants. Je vis ensuite qu'ils les faisaient marcher en groupe jusqu'à un endroit peu éloigné où plusieurs officiers SS avec de grands manteaux séparaient les Juifs en deux groupes à l'aide d'un bâton et, on le voyait bien, faisaient aller d'un côté les hommes et les femmes qui semblaient jeunes et robustes, et de l'autre les plus âgés et les enfants. Il était évident que le premier groupe était constitué de personnes dont la capacité de travail était entière, alors que l'autre groupe comprenait des gens qui n'étaient pas totalement efficaces. Pendant que le groupe des personnes aptes au travail était transféré dans les baraquements, les autres étaient dirigés par petits groupes vers une salle énorme qui avait de grandes portes en fer à ouverture et fermeture automatique. Des détenus du camp forçaient les Juifs à entrer dans cette salle en les frappant à coups de gourdin. Les Juifs poussaient de grands cris et pleuraient. À cette vue je me dirigeai vers cette grande porte aux battants ouverts et je pus voir que dans cette salle de plus en plus de Juifs étaient entassés, et que les Juifs qui étaient déjà à l'intérieur commençaient à se déshabiller ou étaient déjà nus... Je sus ensuite par les détenus du camp qui étaient dans le corps de garde que cette grande salle était une chambre à gaz, dans laquelle les Juifs, après qu'on eut coupé les cheveux des femmes, étaient tués au gaz... À ce moment-là, un nombre tellement ahurissant de convois arrivait qu'il était impossible de gazer et de brûler tous les cadavres dans les fours crématoires situés derrière les chambres à gaz, il fallait détruire une partie des cadavres au lance-flammes... Ceux du convoi qui étaient malades étaient restés pour la plupart étendus toute la nuit sur les voies. Personne ne s'en occupait, et quand le lendemain matin on vint les chercher, presque tous étaient morts. Le déchargement de notre convoi se passa exactement de la même manière. »

Eva Della Seta Di Capua est vraisemblablement entrée dans la chambre à gaz dès sa descente du train, le 23 mai 1944.

Giorgio Levi, qui aurait eu dix-sept ans en novembre, resta emprisonné au collège militaire de la via della Lungara jusqu'au 18 octobre, jour où on le fit monter avec cinquante autres prisonniers dans un des wagons de marchandises stationnés sur une voie de garage de la gare de Rome-Tiburtine. Il arriva dans la nuit du 22 octobre à Auschwitz-Birkenau où le train resta arrêté, wagons plombés, jusqu'à l'aube. Sélectionné pour le travail en même temps que 149 autres déportés, il eut le bras tatoué du numéro 15874. Il est mort dans un lieu inconnu, ses traces disparaissent le 29 décembre 1943.

Mario Levi avait cinquante-cinq ans, et il arriva à Auschwitz-Birkenau la nuit du 22 octobre 1943 dans le même wagon que sa femme et son fils. Mais on ignore s'il a reçu un matricule. Lui aussi est mort à une date et en un lieu inconnus.

Alba Levi Ravenna avait cinquante-deux ans, et après avoir été enfermée dans le collège militaire de la via della Lungara, partit le 18 octobre dans le même convoi que son mari et son fils. Elle entra dans la chambre à gaz dès son arrivée à Auschwitz-Birkenau, le 23 octobre 1943.

En 1942, Pie XII avait été le héros d'un film intitulé *Pastor Angelicus*, produit par le Centre cinématographique catholique de Gedda. Un film qui raconte de manière emphatique et sublimée quelques moments de la vie de Pie XII, présenté par le générique comme ce « Pastor angelicus » annoncé par une ancienne prophétie. Le film exalte l'œuvre du pape, faisant apparaître la guerre comme un cataclysme mystérieux, un ouragan de feu sans protagonistes ni coupables.

Rome, 25 mars 1997

Notes

Ce mémoire autobiographique n'est ni un essai ni un livre de fiction ; il parle d'événements et de faits réels. J'ai donc dû soumettre constamment mon texte à une vérification historique. Par scrupule, et pour aider le lecteur, j'indiquerai ici les principaux ouvrages d'où ces informations ont été tirées, en signalant les documents les plus importants.

Ce qui concerne les lois raciales proprement dites en Italie vient de : « La legislazione antiebraica in Italia e in Europa », in *Atti del Convegno nel cinquantenario delle Leggi razziali* (Roma, 17-18 octobre 1988), éd. della Camera dei Deputati, Roma, 1989. Et de : Michele Sarfatti, « Mussolini contro gli ebrei », in *Cronaca dell'elaborazione delle leggi del 1938*, Silvio Zamorani editore, Torino, 1994.

Les éléments concernant la Seconde Guerre mondiale proviennent des mémoires de Winston Churchill, telles qu'elles ont été traduites en italien sous le titre *La Seconda Guerra mondiale*, Mondadori, Milano, 1961.

Sur les Juifs entre 1933 et 1945, je me suis servie des ouvrages suivants : Renzo De Felice, *Storia degli ebrei italiani sotto il fascismo*, Einaudi, Torino, 1988 ; Raul Hilberg, *La Destruction des Juifs d'Europe*, Fayard, Paris, 1988 ; Liliana Picciotto Fargion, *Il libro della memoria*, Mursia, Milano, 1991 ; *Le menzogne della Razza. Documenti e immagini del razzismo e antisemitismo fascista*, par le Centro Furio Jesi, Grafis edizioni, Bologna, 1994 ; Georges Bensoussan, *Histoire de la Shoah*, Presses universitaires de France, Paris, 1996 ; Gianni Campus, « Il treno di Piazza Giudia », in *La Deportazione degli ebrei di Roma*, edizioni L'Arciere, Cuneo, 1995 ; Pietro Nastasi, « Giornate di Storia della Matematica », in *Atti del Convegno*, Hotel San Michele, Cetraro, 8-12 septembre 1988, manuscrit, Dipartimento di Matematica, via Archirafi 34, Palermo ; id., *La Comunità matematica italiana di fronte alle leggi razziali*, manuscrit, Dipartimento di Matematica, via Archirafi 34, Palermo.

L'affaire de l'encyclique *Humani Generis Unitas* est largement traitée dans : Georges Passelecq et Bernard Suchecky, *L'Encyclique cachée de Pie XI*, préface d'Émile Poulat, Éditions La Découverte, Paris, 1995.

Celle de la protestation des évêques hollandais du 11 juillet 1942 provient de : Raul Hilberg, *La Destruction des Juifs d'Europe*, *op. cit.*, et de Henri Fabre, *L'Église catholique face au fascisme et au nazisme*, Henri Fabre et Éditions EPO, Bruxelles, 1995. Pour les protestations du clergé dans les autres pays, on se reportera aux citations répertoriées ci-après.

Sont indiquées ici les sources bibliographiques des citations qui apparaissent dans le texte sans référence précise :

P. 20, « une réparation... pour les injustices », in Giovanni Miccoli, « Santa Sede e Chiesa italiana di fronte alle leggi antiebraiche del 1938 », in *La Legislazione*, *op. cit.*, p. 183.

P. 29, « que l'Église n'aura pas à regretter… », in Fabre, *L'Église catholique face au fascisme et au nazisme*, *op. cit.*, et in Passelecq et Suchecky, *L'Encyclique cachée de Pie XI*, *op. cit.*, pp. 97-98.

P. 38, « une ségrégation ou distinction… », in De Felice, *Storia degli ebrei italiani sotto il fascismo*, *op. cit.*, p. 324.

P. 44, « Souffert ? Il n'a pas souffert… », in Giorgio Israel, « Politica della razza e persecuzione antiebraica nella comunità scientifica italiana », in *Atti del Convegno nel cinquantenario delle leggi razziali*, *op. cit.*, p. 123.

P. 46, « nationalisme exagéré… », in Miccoli, « Santa Sede e Chiesa italiana di fronte alle leggi antiebraiche del 1938 », *op. cit.*, p. 208, et in Passelecq et Suchecky, *L'Encyclique cachée de Pie XI*, *op. cit.*, p. 162.

P. 46, « comment il se fait que, malheureusement, l'Italie… », in Miccoli, « Santa Sede e Chiesa italiana di fronte alle leggi antiebraiche del 1938 », *op. cit.*, p. 209, et in Passelecq et Suchecky, *L'Encyclique cachée de Pie XI*, *op. cit.*, p. 163.

Pp. 47-48. L'épisode et les citations de la rencontre avec les pèlerins de la Radio catholique belge sont racontés dans : Passelecq et Suchecky, *L'Encyclique cachée de Pie XI*, *op. cit.*, pp. 180-181, et dans Miccoli, « Santa Sede e Chiesa italiana di fronte alle leggi antiebraiche del 1938 », *op. cit.*, p. 212.

P. 49, « Pour ce qui est de la politique intérieure… », in « Balconi e cannoni. I discorsi di Mussolini », vidéocassette *L'Espresso-Istituto Luce*, seconde partie.

P. 49, « Je déclare que ce pape… », in De Felice, *Storia degli ebrei italiani sotto il fascismo*, *op. cit.*, p. 303.

Pp. 59-60, « Ce qui s'est passé hier… », in Passelecq et Suchecky, *L'Encyclique cachée de Pie XI*, *op. cit.*, p. 182.

P. 60, « Le Saint-Père a pour le moment… », in Jacques Nobécourt, *Le Vicaire et l'Histoire*, Éditions du Seuil, Paris, 1964.

P. 69, « … une presse qui peut tout dire… », in Pietro Scoppola, *La Chiesa e il Fascismo*, Laterza, Bari, 1973, p. 338.

P. 70, « une croix ennemie… », in Passelecq et Suchecky, *L'Encyclique cachée de Pie XI*, *op. cit.*, p. 191.

P. 73, « À Barcelone, l'Église est persécutée… », in Hugh Thomas, *Storia della guerra civile spagnola*, Einaudi, Torino, 1964, p. 443.

P. 96, « Les moins de trente-cinq ans… », in Andrea Riccardi, *Il potere del Papa da Pio XII a Paolo VI*, Laterza, Bari, 1988.

P. 97, « Dans un État chrétien… », in Rolf Hochhut, *Il Vicario*, Feltrinelli, Milano, 1964, p. 477.

P. 102, « Le nonce m'a demandé aujourd'hui… », in Saul Friedländer, *Pie XII*, Éditions du Seuil, Paris, 1964, p. 80.

P. 103, « bien sûr, dans les ténèbres… », in Saul Friedländer, *Pie XII*, *op. cit.*, p. 81.

P. 113, Lettre d'Adam Sapieha. Témoignage de don Pirro Scavizzi, in *Pio XII mi ha detto*, Roma, maggio 1964. Republié par *Il Tempo*, 1er juin 1986.

P. 117, « Mon prêche sera bref… » Comme les autres protestations du clergé français pendant le mois de juillet 1942, elles sont extraites de Saul Friedländer, *Pie XII*, *op. cit.*, pp. 114-115.

P. 136, « Que ferait le Saint-Siège… », in Picciotto Fargion, *Il libro della memoria*, *op. cit.*, p. 817.

P. 136, « Dès qu'il apprit la rafle… », in De Felice, *Storia degli ebrei italiani sotto il fascismo*, *op. cit.*, p. 478.

Pp. 151-156, « Mon oncle Mario… », manuscrit dactylographié d'Alberta Temin Levi.

P. 158, « L'ordre de départ est enfin arrivé… », in Picciotto Fargion, *Il libro della memoria*, *op. cit.*, p. 857.

P. 159, « À Munich-Est… », in Picciotto Fargion, *Il libro della memoria*, *op. cit.*, pp. 857-859.

Je désire exprimer ici toute ma gratitude au Centre de documentation juive de Paris, pour sa grande disponibilité et pour son aide précieuse dans ma recherche des textes. J'adresse également des remerciements particuliers au Centre culturel juif de Rome, et à Benny Lay, Pietro Scoppola, Adriano Prosperi, Frediano Sessi, Corrado Vivanti, Pier Vittorio Ceccherini, Susanna Silberstein, Ivette et Giacomo Saban, Mirella Tagliacozzo Calò, Alberta Temin Levi et Rosetta Ajò Sermoneta.

Rivages poche / Bibliothèque étrangère

Harold Acton
Pivoines et poneys (n° 73)

Sholem Aleikhem
Menahem-Mendl le rêveur (n° 84)

Kingsley Amis
La Moustache du biographe (n° 289)

Jessica Anderson
Tirra Lirra (n° 194)

Reinaldo Arenas
Le Portier (n° 26)

James Baldwin
La Chambre de Giovanni (n° 256)

Quentin Bell
Le Dossier Brandon (n° 102)

Stefano Benni
Baol (n° 179)

Ambrose Bierce
Le Dictionnaire du Diable (n° 11)
Contes noirs (n° 59)
En plein cœur de la vie (n° 79)
En plein cœur de la vie, vol. II (n° 100)
De telles choses sont-elles possibles ? (n° 130)
Fables fantastiques (n° 170)
Le Moine et la fille du bourreau (n° 206)

Elizabeth Bowen
Dernier automne (n° 265)

Paul Bowles
Le Scorpion (n° 3)
L'Écho (n° 23)
Un thé sur la montagne (n° 30)

Emily Brontë
Les Hauts de Hurle-Vent (n° 95)

Robert Olen Butler
Un doux parfum d'exil (n° 197)

Étrange murmure (n° 270)
La Nuit close de Saigon (n° 296)

Calamity Jane
Lettres à sa fille (n° 232)

Peter Cameron
Week-end (n° 245)
Année bissextile (n° 303)

Ethan Canin
L'Empereur de l'air (n° 109)
Blue River (n° 157)

Truman Capote
Un été indien (n° 9)

Willa Cather
Mon ennemi mortel (n° 74)
Une dame perdue (n° 101)
Destins obscurs (n° 117)
La Mort et l'Archevêque (n° 144)
Mon Ántonia (n° 159)
La Maison du professeur (n° 217)
L'Un des nôtres (n° 285)

Gaetano Carlo Chelli
L'Héritage Ferramonti (n° 290)

Rafael Chirbes
Tableau de chasse (n° 316)

Fausta Cialente
Les Quatre Filles Wieselberger (n° 10)

Barbara Comyns
Les Infortunes d'Alice (n° 94)

Joseph Conrad
Le Duel (n° 106)

Lettice Cooper
Une journée avec Rhoda (n° 137)
Fenny (n° 264)

Giuseppe Culicchia
Patatras (n° 227)
Paso Doble (n° 309)

Silvio D'Arzo
Maison des autres (n° 78)

Robertson Davies
L'Objet du scandale (n° 234)
Le Manticore (n° 260)
Le Monde des Merveilles (n° 280)

Angela Davis-Gardner
Un refuge en ce monde (n° 118)
Felice (n° 203)

Andrea De Carlo
Oiseaux de cage et de volière (n° 178)

Walter de la Mare
L'Amandier (n° 108)
Du fond de l'abîme (n° 141)
À première vue (n° 219)

Daniele Del Giudice
Le Stade de Wimbledon (n° 209)

Erri De Luca
Une fois, un jour (n° 119)
Acide, arc-en-ciel (n° 201)
En haut à gauche (n° 251)
Tu, mio (n° 315)

Alfred Döblin
L'Assassinat d'une renoncule (n° 25)

Heimito von Doderer
Un meurtre que tout le monde commet (n° 14)

Michael Dorris
Un radeau jaune sur l'eau bleue (n° 121)

John Meade Falkner
Le Stradivarius perdu (n° 153)

Eva Figes
Lumière (n° 5)

Ronald Firbank
La Fleur foulée aux pieds (n° 304)
Les Excentricités du cardinal Pirelli (n° 305)

Richard Ford
Rock Springs (n° 220)

Mavis Gallant
Les Quatre Saisons (n° 82)
Voyageurs en souffrance (n° 175)

Mirko Kovač
La Vie de Malvina Trifković (n° 111)

Gavin Lambert
Le Crime de Hannah Kingdom (n° 104)

Ella Leffland
Rose Munck (n° 134)

David Lodge
Jeu de société (n° 44)
Changement de décor (n° 54)
Un tout petit monde (n° 69)
La Chute du British Museum (n° 93)
Nouvelles du Paradis (n° 124)
Jeux de maux (n° 154)
Hors de l'abri (n° 189)
L'homme qui ne voulait plus se lever (n° 212)
Thérapie (n° 240)

Rosetta Loy
Les Routes de poussière (n° 164)
Un chocolat chez Hanselmann (n° 255)
Madame Della Seta aussi est juive (n° 318)

Alison Lurie
Les Amours d'Emily Turner (n° 7)
La Ville de nulle part (n° 21)
La Vérité sur Lorin Jones (n° 32)
Des gens comme les autres (n° 38)
Conflits de famille (n° 46)
Des amis imaginaires (n° 71)
Comme des enfants (n° 107)
Femmes et Fantômes (n° 182)
Liaisons étrangères (n° 207)
Ne le dites pas aux grands (n° 279)
Un été à Key West (n° 300)

Norman Maclean
Montana, 1919 (n° 140)
La Rivière du sixième jour (n° 213)
La Part du feu (n° 243)

Norman Mailer
Les vrais durs ne dansent pas (n° 177)

Javier Marías
L'Homme sentimental (n° 24)

Le Roman d'Oxford (n° 114)
Un cœur si blanc (n° 186)
Ce que dit le majordome (n° 237)
Demain dans la bataille pense à moi (n° 253)
Quand j'étais mortel (n° 295)

Olga Masters
Le Cœur labyrinthe (n° 115)

Jay McInerney
Toute ma vie (n° 229)

Steven Millhauser
La Galerie des jeux (n° 37)

Lorrie Moore
Des histoires pour rien (n° 8)
Vies cruelles (n° 61)
Anagrammes (n° 91)
Que vont devenir les grenouilles ? (n° 236)

Frank Moorhouse
Quarante/Dix-sept (n° 112)

Guido Morselli
Dissipatio (n° 173)

Alice Munro
Les Lunes de Jupiter (n° 147)
Amie de ma jeunesse (n° 198)

Vladimir Nabokov
L'Enchanteur (n° 215)

Roger Nimier
Les Indes Galandes (n° 64)

Whitney Otto
Le Jour du patchwork (n° 184)

Cynthia Ozick
Le Rabbi païen (n° 29)

Grace Paley
Les Petits Riens de la vie (n° 1)
Plus tard le même jour (n° 13)
Énorme changement de dernière minute (n° 163)

Victor Paskov
Ballade pour Georg Henig (n° 33)

Pier Paolo Pasolini
Descriptions de descriptions (n° 168)

Walker Percy
Le Cinéphile (n° 18)
L'Amour parmi les ruines (n° 88)
Les Signes de l'apocalypse (n° 172)

Annie Proulx
Nœuds et dénouement (n° 267)

Barbara Pym
Adam et Cassandra (n° 15)
Secret, très secret (n° 35)
Lorsqu'un matin d'orage (n° 47)

Elisabetta Rasy
La Première Extase (n° 228)

Laura Restrepo
Douce compagnie (n° 293)

Umberto Saba
Couleur du temps (n° 6)
Comme un vieillard qui rêve (n° 17)

Lisa Saint-Aubin de Terán
Les Jours de l'Orénoque (n° 90)

John Saul
Baraka (n° 142)
De si bons Américains (n° 183)
Mort d'un général (n° 216)

Karel Schoeman
En étrange pays (n° 249)

Budd Schulberg
Un homme dans la foule (n° 76)
Le Désenchanté (n° 77)
Le Visage de Hollywood (n° 156)

Carl Seelig
Promenades avec Robert Walser (n° 65)

Carol Shields
Swann (n° 126)
La République de l'amour (n° 160)

Jane Smiley
Portraits d'après nature (n° 148)
L'Exploitation (n° 199)
Un appartement à New York (n° 218)

Fay Weldon
Copies conformes (n° 128)

Paul West
Le Médecin de Lord Byron (n° 50)

Rebecca West
Femmes d'affaires (n° 167)

Joy Williams
Dérapages (n° 120)

Tim Winton
Cet œil, le ciel (n° 225)
La Femme égarée (n° 262)

Banana Yoshimoto
N•P (n° 274)

Evguéni Zamiatine
Seul (n° 16)
Le Pêcheur d'hommes (n° 19)

Achevé d'imprimer sur rotative
par l'Imprimerie Darantiere à Dijon-Quetigny
en octobre 2000

N° d'impression : 20-1111
Dépôt légal : octobre 2000